福祉経営選書4

福祉職場の人材マネジメント

はしがき

　本書は、これからの福祉人材マネジメントについて、「福祉経営」の立場からその課題解決のあり方を平易に解説し、介護や福祉職場にかかわる人びとと共に、考え方や施策推進の方向を検討しようとするものです。

　日本の福祉は、措置から利用契約制度（介護保険制度や障害者自立支援法等）に移行し、国民の誰もが自らの意思と必要度に応じてサービスを享受できる体制が整えられてきました。これからの「長寿・超高齢社会」「核家族化」のなかでお年寄りやハンディキャップをもつ人々が尊厳をもってその人らしく「生きる」ことができる基礎的基盤が整えられてきた意義は大きいものがあります。

　しかし一方、新しい制度の枠組みのなかでさまざまな課題が顕在化してきたのも事実です。事業主体の多元化に伴い、公正競争を確保するという視点でのイコール・フッティングが問題になり、また、利用量の拡大によって介護保険や支援費財源が逼迫し、制度の見直しや報酬単価の改定（抑制）が行われてきました。その結果、例えば介護老人福祉施設の平均収支差額は、2004年の厚労省調査で10.2％であったものが、2007年には4.4％まで圧縮され、赤字施設も増加してきました。そしていま、何よりも深刻な課題は、サービスの担い手の確保と定着が極めて困難な状況になってきていることです。

　今後さらに急激なサービスの量的拡大が予測されるなかで、担い手の養成と確保は国民的課題と認識されるところですし、国や地方自治体においてもさまざまな施策推進が講じられています。「福祉人材確保指針」（1993年・厚生省告示）が14年振りに見直され、また、公的資格としての社会福祉士や介護福祉士制度についても法改正が行われました。

　「新・福祉人材確保指針」（2007年・厚労省告示）では、
① 就職期の若年層から魅力ある仕事として評価・選択されるようにし、さらには従事者の定着の促進を図るため「労働環境の整備の推進」を図ること。
② 今後、ますます増大する福祉・介護ニーズに的確に対応し、質の高いサービスを確保する観点から、従事者の資質の向上がはかられるよう、「キャリアアップの仕組みの構築」を図ること。

③　国民が、福祉・介護サービスの仕事が今後の少子高齢社会を支える働きがいのある仕事であること等について理解し、福祉・介護サービス分野への国民の積極的な参入・参画が促進されるよう「福祉・介護サービスの周知・理解」を図ること。
　④　介護福祉士や社会福祉士等の有資格者等を有効活用するため、潜在的有資格者等の掘り起こし等を行うなど「潜在的有資格者等の参入の促進」を図ること。
　⑤　福祉・介護サービス分野において、新たな人材として期待されるのは、他分野で活躍している人材、高齢者等が挙げられ、今後、こうした「多様な人材の参入・参画の促進」を図ること。
等が重点施策としてあげられています。

　しかし、「新・福祉人材確保指針」が示す施策の多くの部分は、基本的には事業経営者が「経営努力」として対応しなければならないものであり、国や地方自治体等はその支援と条件整備を行うものであるということに十分留意しておかなければなりません。

　私どもは、民間シンクタンクとして、これまで10数年にわたって社会福祉法人施設の経営改善や改革、人事管理や人材育成のあり方についてさまざまな提言を行い、個別法人施設の施策推進にも関与してまいりました。本書は、そうした技術支援を通じて培ってきた実務的ノウハウをまとめたもので、これからの福祉人材マネジメントを効果的にすすめるための仕組みづくりや施策推進のあり方について、できるだけ具体的に平易に解説することを試みました。

　「福祉経営」の一環として推進する福祉人材マネジメントは、「ご利用者満足」の実現を基軸におきながら、「職員の満足」「経営の満足」が同時に実現できる仕組みづくりや施策推進が必要であるという基本的スタンスに立っています。

　先般、ある法人の経営者（常務理事・施設長）の方とお話しする機会がありました。障害者を中心に700人を超えるご利用者の方々が日々サービスを受けられており、職員数も300人を超えるという大型法人の経営者の方でした。経営者の

責任について次のように語られたことが強く印象に残っています。

「私たちの施設経営も財務的に大変厳しい状況にあり、経営責任を感じています。しかし、そこで大事にしなければならないことは、施設が立ち行かなくなった時に困るのは誰かということです。法人施設の経営者や職員は、施設がなくなっても次の職場があるでしょう。しかし、ご利用者やそのご家族は行き場を失ってしまいます。私たちはよくご利用者本位と言いますが、一番大事にしなければならないことは、施設を何としても維持することです。そのために、いま職員と"経営問題"についてしっかり話し合うことにしています。情報は可能な限り開示しなければなりません。そのうえでじっくり話し合えば、職員はよく分かってくれます。職員に苦労をかけますが、やるしかないという信念で経営の具体的施策を推進しています」

本書の基本的スタンスである「三者満足の実現をめざして」をまさに体現するご意見であり、厳しい状況のなかでも「理解・納得・共感」のマネジメントをしっかりと実現していかなければならないという強い意思が感じられました。

「プロはプロとして、しっかり技術支援をお願いしたい」と、私どもへのご要望をいただきましたが、真摯にお応えしなければならないと、改めて使命の重さを確認させていただいた次第です。

本書が、社会福祉法人施設のこれからの人材マネジメントの取り組みに少しでもお役に立てればと願っております。

なお、本書の刊行にあたっては、当研究所で福祉経営支援・人材育成の仕事に関与している宮崎民雄・丹羽勝・小林雄二郎・田中幹也・櫻井園子の5人のスタッフが執筆を担当し、製作は出版部の山添路子・兒島博文が担当しましたことを付記させていただきます。

　　　平成21年2月10日

　　　　　　　　　　　　　　　　　編著者代表　宮崎　民雄
　　　　　　　　　　　　　　　　　　（㈱エイデル研究所代表取締役所長）

目　次

はしがき ……………………………………………………………………… 3

第1章　福祉人材マネジメントの基本

1. 福祉人材マネジメントがめざす基本的方向 ……………………… 12
2. 人材の確保・定着・育成は、経営の要である …………………… 14
3. 担い手不足で困るのは経営者だけではない ……………………… 16
4. 現状と近未来を率直に診断してみよう …………………………… 18
5. 例えば、退職者の要因をマッピングしてみる …………………… 20
6. 事業収支や人件費比率はどのような推移を辿っているか ……… 22
7. 職員の経営に対する期待は何か …………………………………… 24
8. 給与処遇等の不満要因に目を向ける ……………………………… 26
9. 燃え尽き症候群への対応はできているか ………………………… 28
10. 相互援助の気風とミドルリーダーの役割 ………………………… 30
11. 短期の問題解決と中長期の問題解決 ……………………………… 32
12. トータルな人材マネジメントの推進を図る ……………………… 34

第2章　自信と連携を高める人材育成施策の確立

1. 職業人としての意識こそが人を育てる …………………………… 38
2. 新任職員の職場適応力を育てる …………………………………… 40
3. 基準を持つのは上司の仕事 ………………………………………… 42
4. 意図的、計画的な人材育成を ……………………………………… 44
5. 仕事を通じた育成（OJT）体制を整備する ……………………… 46
6. 仕事の教え方4段階の実践 ………………………………………… 48
7. チームワークと組織力を高めるコミュニケーション …………… 50
8. コミュニケーションで育つ育成風土 ……………………………… 52
9. 自己成長の実感がモチベーションの源泉 ………………………… 54
10. "育ちたい気持ち"を花と咲かせ、実にする職場づくり ………… 56

第3章　職員のやる気を高める人事管理

1. 人事管理は人材処遇のマネジメント …………………………… 60
2. 不満を解消し、やる気を促進する人事管理を推進する ……… 62
3. 給与のもつ3つの意味に着目する ……………………………… 64
4. 総枠人件費管理の発想のなかで納得性を高める ……………… 66
5. 「適材適所・適処遇」で人材を有効活用する ………………… 68
6. 将来の希望を見える形に～福祉職場のキャリアパス～ ……… 70
7. 職群別役割資格等級制度の導入 ………………………………… 72
8. 納得性・透明性のある昇給の仕組みづくり …………………… 74
9. 諸手当の適正化をどうすすめるか ……………………………… 76
10. やる気と能力開発を促進する人事考課 ………………………… 78
11. 福祉型の目標管理を導入する …………………………………… 80
12. 人事考課を定着促進の道具として活用する …………………… 82

第4章　「リスク回避型」労務管理の推進

1. 法令順守は労務管理の基本 ……………………………………… 86
2. 就業規則を積極的に活用する …………………………………… 88
3. 長時間労働を防止する …………………………………………… 90
4. 賃金不払い（サービス）残業を解消する ……………………… 92
5. 就業規則の不利益変更は慎重に対応する ……………………… 94
6. 職場のメンタルヘルスケアを確立する ………………………… 96
7. セクシャル・ハラスメントの対応 ……………………………… 98
8. いじめ・パワーハラスメントの対応 …………………………… 100
9. 改正パートタイム労働法への対応 ……………………………… 102
10. 改正高年齢者等雇用安定法への対応 …………………………… 104

第5章　福祉人材の採用マネジメント

1. 定着の基盤は採用から ……………………………………………… 108
2. どのような種が土壌にあうか ……………………………………… 110
3. 採用活動の影響力は大である ……………………………………… 112
4. 「縁」を創る採用体制の工夫 ……………………………………… 114
5. 効果的な採用活動のながれ ………………………………………… 116
6. 就職活動の心理プロセスを考慮する ……………………………… 118
7. 求職者の惹きつけ方 ………………………………………………… 120
8. 求人情報・パンフレットの工夫 …………………………………… 122
9. 採用は夢と希望を与えるもの ……………………………………… 124
10. 求職者・応募者との関係づくり …………………………………… 126

第6章　新卒採用の効果的手順

1. 新卒の新鮮さを施設に活かす ……………………………………… 130
2. 学校は情報の宝庫である …………………………………………… 132
3. 福祉系大学と専門学校の違い ……………………………………… 134
4. 知ってもらうことが先決 …………………………………………… 136
5. 何を基準に選考するか ……………………………………………… 138
6. 成功する面接の鍵 …………………………………………………… 140
7. 「行動」から分かること …………………………………………… 142
8. 「書く」ことから分かること ……………………………………… 144
9. 「話す」ことから分かること ……………………………………… 146
10. 内定後のフォローアップ …………………………………………… 148

第7章　中途採用・パート採用の効果的手順

1. 中途採用は社会的使命 ……………………………………………… 152
2. はずせない転職の「きっかけ」と「動機」……………………… 154

3．第二新卒人材の確保 ………………………………………… 156
4．キャリアアップ志向への対応 ……………………………… 158
5．上位資格取得後の転職 ……………………………………… 160
6．お友達（職員）の紹介 ……………………………………… 162
7．昼間／平日型（パート）の確保 …………………………… 164
8．家事の合間型（パート）の確保 …………………………… 166
9．中途採用者の受け入れ ……………………………………… 168
10．万が一の退職時 ……………………………………………… 170

第8章　福祉人材の近未来を踏まえて

1．人口構造の変化と将来予測 ………………………………… 174
2．社会福祉の変遷 ……………………………………………… 176
3．展望：2015年の高齢者介護 ………………………………… 178
4．福祉を支える人材の変遷 …………………………………… 180
5．国の方策〜新・人材確保指針 ……………………………… 182
6．求められる介護福祉人材像 ………………………………… 184
7．外国人労働者の受け入れ …………………………………… 186
8．これからの医療と介護の方向性 …………………………… 188
9．就労意識の変化 ……………………………………………… 190
10．国の方策〜支援と補助 ……………………………………… 192

補章　人事管理制度改定の実際 ―「E式考課・昇給管理システム」の導入

＜資料1＞「E式考課・昇給管理システム」の仕組みと特徴 …… 196
＜資料2＞社会福祉法人　○○会　新人事管理制度要綱 ……… 201
＜資料3＞社会福祉法人　○○会　人事考課の手引き ………… 218
＜資料4＞業務管理・評価シート ………………………………… 231
＜資料5＞社会福祉法人　○○会　新人事管理制度に関する職員説明会資料
　　　　　　　　　　　　　　　　　　　　　　　　　　　　　　233

第 1 章　福祉人材マネジメントの基本

●福祉職場では、いま人材マネジメントがこれまで以上に重要な課題になっています。「担い手が確保できない」という悲鳴が聞こえるなかで必要かつ有能な人材をどう確保し、定着を図り、育て、活用していくかを真剣に考えて行かなければなりません。

●介護や福祉の仕事は、生活の支援を必要とするお年寄りやハンディキャップをもつ人びとに対し必要な専門的サービスを提供するという「大切な仕事」です。良質なサービスを提供するためのサービスマネジメントと人材マネジメントは密接不可分な関係にあります。

●経営としては、自前の「経営努力」によって、この課題を解決し、安心と希望のもてる「福祉職場づくり」をすすめて行かなければなりません。ここでは、その基本的視点とスタンスを検討することにします。

第1章　福祉人材マネジメントの基本
1．福祉人材マネジメントがめざす基本的方向

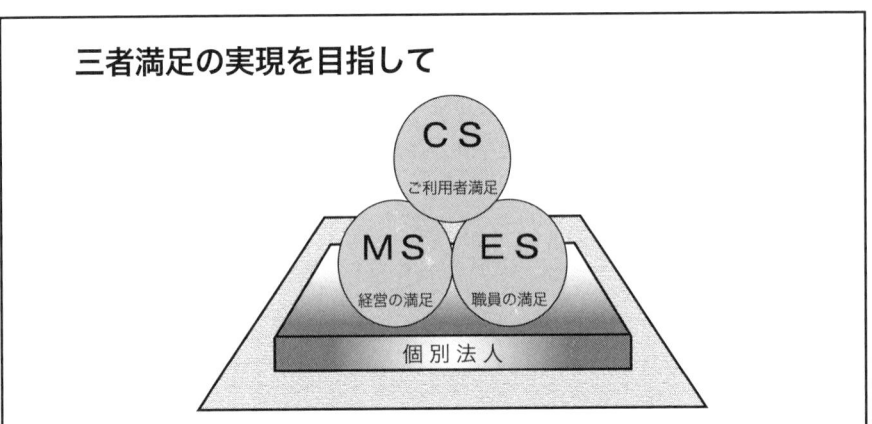

```
三者満足の実現を目指して

            CS
         ご利用者満足
      MS      ES
    経営の満足   職員の満足
         個別法人

社会福祉法人は、社会福祉事業の主たる担い手としてふさわしい事業を確実、効果的かつ適正に行うため、自主的にその経営基盤の強化を図るとともに、その提供する福祉サービスの質の向上及び事業経営の透明性の確保を図らなければならない。
```

1．ご利用者の「笑顔」や「輝き」に接する喜び

○介護や福祉の仕事に携わる人びとにとって何よりの喜びは、ご利用者やそのご家族の「笑顔」や「輝き」に接することではないでしょうか。たとえどんなに辛く、厳しい仕事であっても、ご利用者やご家族との「出会い」の喜びが感じられる職場であれば、明日への活力が生まれてくる筈です。

○仮に、そうした喜びがほとんど体験できない職場、むしろクレーム対応に追われてばかりいるような職場であったとすれば、そこで働く人びとの気持ちはどのようなものになるでしょう。給与等の処遇が世間より少しくらい高いとか、福利厚生が行き届いていたとしても、「働きがい」や「やりがい」が感じられなければ、仕事に見切りをつけ、次の職場を考えるようになってしまうのは必定です。福祉職場の人材マネジメントは、まず、ここから出発する必要があります。

○ご利用者満足（CS：カスタマー・サティスファクション）の実現がそこで働く職員の満足（ES：エンプロイ・サティスファクション）の実現に極めて大きな意味をもつものであること、また、逆に職員の満足がある程度実現している職場でなけれ

ば、ご利用者満足は実現しないという相互関係に着目することが重要です。人材マネジメントは、サービスマネジメントと一体的に推進する必要があります。両者の満足が実現することによって、結果として経営の持続性が担保され、経営の満足（MS：マネジメント・サティスファクション）を実現することにも繋がる筈です。

２．介護や福祉サービスの特徴を踏まえて

○介護や福祉サービスは、生活の支援を必要とするお年寄りやハンディキャップをもつ人びとに対して、必要なサービスを専門的に提供するというものです。サービスの質は、入所施設を例にとってみると、第一に生活環境としての施設や設備・機器等のハードウェアが整っているかどうか、第二にどのような理念や目標、計画や仕組み等の中でサービスを提供しているかというソフトウェアの充実度、第三に、対人援助サービスとしての姿勢や気配り、接遇や日々の対応マナー等に関するヒューマンウェアの品質の３つによって決定づけられるものだと言ってよいでしょう。

○ハードウェアの「利便性」や「快適性」「安全性」は、ご利用者にとって重要な「選択」の要素になるものです。そして、ソフトウェアの充実度はサービスの「信頼性」や「適格性」を決定づけるものであり、ヒューマンウェアはご利用者との「関係性」の礎となるものです。それぞれのウェアの質を高める経営努力が必要になりますが、ソフトウェアとヒューマンウェアの質の向上は、人材マネジメントの課題として推進しなければならないものであるという認識が大切です。

○サービスの担い手である職員一人ひとりが、ソフトウェアやヒューマンウェアの実践者として健全な当事者意識とスキルをもっていること、そしてチームとしてめざすべきサービスの理念や目標、行動指針を共有化し、日々のサービス実践において「ムラ」のないサービスが提供されていなければなりません。経営として、そのための育成施策やチームづくり、コミュニケーションを重ねることが、これからの人材マネジメントの基本的な方向となります。そのプロセスのなかでさらに「笑顔」や「輝き」が生まれ、ご利用者との「出会い」の喜びを体験できる職場風土が醸成されてくる筈です。

第1章　福祉人材マネジメントの基本
2. 人材の確保・定着・育成は、経営の要である

少子高齢社会を支える大切な専門人材
福祉サービス事業の中心的な担い手

＜福祉職場の現実＞

・人材が集まらない
・離職者が多い
・低賃金に悲鳴
・事業崩壊の危機
・将来が見えない

10年後には、さらに40万人から60万人の人材が必要

人材の確保・定着・育成は「福祉経営」の要である
選ばれる仕事づくり、職場づくりの人材マネジメントが求められる

1．あるべき姿と現実の狭間のなかで

○介護や福祉の仕事は、お年寄りやハンディキャップをもつ人びとに対して、必要なサービスを専門的に提供するということを使命とするものです。ご利用者一人ひとりの尊厳（その人らしく生きる権利）を尊重しながら、「安心」と「希望」を創り続ける仕事であり、これからの超高齢社会を支える大事な仕事です。

○2000年に介護保険制度が導入された頃を振り返ってみますと、「社会的に意義のある仕事」「働き甲斐のある仕事」「安定的で希望のもてる仕事」として、多くの若者や女性の職業選択、社会的活動の場として脚光を浴びていました。社会福祉士や介護福祉士、ホームヘルパーといった公的資格を取得し、ライフワークとしてこの仕事を選択する人々の数も急速に増加してきました。

○ところが、いま、介護や福祉の事業領域では、人材難が深刻な問題になってきています。サービス需要の拡大に伴い、担い手の確保が難しくなることは想定できたことですし、民間企業等の景気変動が人材市場に影響を与えることも致し方のないことです。しかし、今後、団塊の世代が介護保険給付の対象となる時期にはさ

らに40万人から60万人もの新規の担い手が必要になることを考えると、人材不足は社会的問題として認識しなければならない状況にあります。

○「低賃金に福祉悲鳴」「人材が逃げだし事業崩壊の危機」「まるで官製ワーキングプア」と、メディアの報道もエスカレートしてきました。働く場、職業としての福祉の地盤沈下現象が進行し、福祉系職場への就労モチベーションは急速に低下してきています。高等学校の進路指導等では、福祉系への進路希望に「待った」をかける現象さえ出てきていると言われ、福祉系の大学や養成校では応募学生の定員割れが起こっています。

2．人材マネジメントは、大切なパートナーへのメッセージ
○人が担い手である福祉サービス事業にとって、人材の確保・定着・育成はまさに事業経営の要であると認識しなければなりません。配置基準が定められている「制度ビジネス」において必要人材の確保ができなければ、事業を継続することさえ出来なくなってしまいます。

○サービスの選択と競い合いという利用契約制度の時代においては、常により良質なサービスを提供し続けるという経営努力が必要であり、そのためには、必要で有能な人材を確保し、定着を図り、職員一人ひとりのスキルや意欲を高め、チーム力を強化するということが不可欠です。

○職員の人事管理や処遇条件等、職場の労働環境整備に関する仕組みや施策推進は、そこで働いている（働こうとする）パートナーとしての職員に対する経営のメッセージとなるものです。そのメッセージへの理解と納得、共感が、人材の確保や定着・活用の大きな要因であることを認識する必要があります。経営としては、個別法人施設（事業体）の現状を直視し、近未来を予測しながら、何を、どのように行うべきか、自ら当事者意識をもって問題解決に取り組まなければなりません。どのようなスタンスで、具体的にどんな施策を講じているかについて、パートナーである職員は日々敏感に受けとめている筈です。

第1章　福祉人材マネジメントの基本

3. 担い手不足で困るのは経営者だけではない

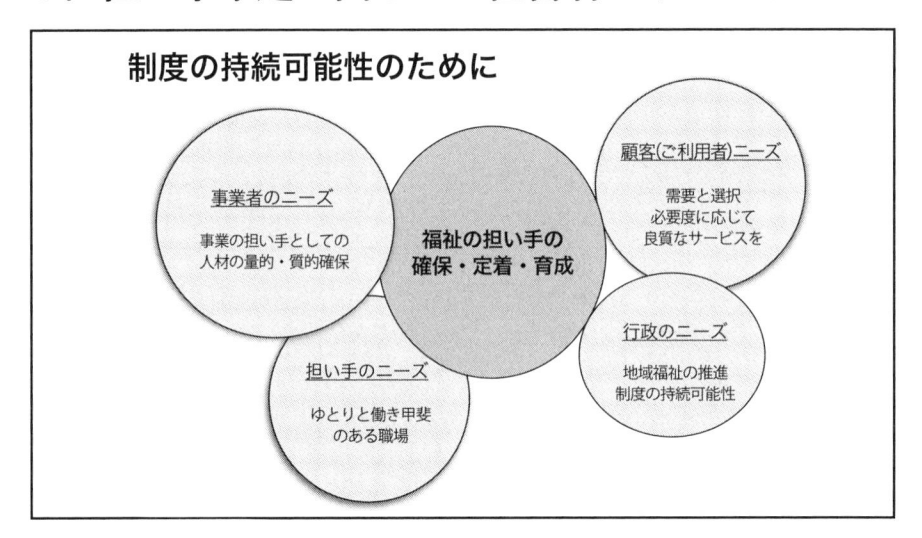

制度の持続可能性のために

- 事業者のニーズ：事業の担い手としての人材の量的・質的確保
- 担い手のニーズ：ゆとりと働き甲斐のある職場
- 福祉の担い手の確保・定着・育成
- 顧客（ご利用者）ニーズ：需要と選択 必要度に応じて良質なサービスを
- 行政のニーズ：地域福祉の推進 制度の持続可能性

1. 担い手の「量的」不足と「質的」不足

○サービスの担い手不足は、「量的」不足と「質的」不足の両面でとらえる必要があります。とくに介護や福祉のサービス事業は、制度的に職員配置基準が定められており、常勤換算で配置基準を満たすことができなければ事業を継続できないという点で「量的」不足への対応は緊急の経営課題となります。しかし、要員の確保ができたとしても、人材の「質的」不足が続いているようでは事業の衰退は避けられません。経営としては、「量的」確保と同時に「質的」充実のための人材マネジメントを推進して行く必要があります。

○また、1年365日、24時間、勤務シフトのなかでサービスを提供している現場（職員）としては、誰もがゆとりのある要員配置のなかでご利用者の個別ニーズにキメ細かく対応したいという思いをもっているものです。一人がどんなに頑張ったとしても、頑張り続けられるものではありません。「量的」不足は職場を疲弊させる原因ともなるものです。よりよいサービスの実現に向けてお互いに目標を共有化し、オープンなコミュニケーションを通じて連携や相互研鑽を図り、一人ひとりの個性や創造性が活かされるような職場でなければ、働き甲斐や達成感も生まれてこない筈で

す。人材の「質的」充実は、担い手である職員の定着やモチベーションに大きく影響するものです。

○サービスの担い手がどのような状態であるのかは、ご利用者にとっても大きな関心事となります。「顧客」であるご利用者は、個別のニーズや状況に応じて安全で安心できるサービスを享受したいと誰もが願っています。そうした願いにどれだけ応えてもらえるかは、担い手の「量的」「質的」充実度にかかわるものであることをご利用者は日々肌で感じていることでしょう。

2．行政の施策・支援の基本的スタンス

○「新・福祉人材確保指針」（2007年、厚生労働省告示）によれば、介護・福祉サービス従事者は、2005年で約328万人、1993年比では4.6倍となっており、とくに高齢者介護に関する従事者の伸びは1993年の約17万人が2005年には約197万人となり、約12倍に増加しています。

○さらに、今後の後期高齢人口（75歳以上の高齢者）の増加見通しは、2004年の約1,110万人が2014年には約1,600万人となり、その結果、介護保険制度における要介護認定者や要支援認定者は、2004年度の約410万人が2014年には約600万人から640万人に達する見通しです。仮に後期高齢人口および要介護認定者数の増加に比例して担い手を確保しなければならないとすれば、今後10年間で約40万人から60万人の新たな人材の確保が必要になってきます。

○こうした将来見通しを展望すると、介護や福祉の担い手の確保は、国や地方自治体等行政にとっても極めて重要な課題となっており、具体的な行政施策の推進が期待されるところです。「新・福祉人材確保指針」は、その方向性を示すものとなっています。しかし、利用契約制度となり、「自立経営」が求められる時代においては、かつての措置制度の時代とは違って、あくまでも支援的施策であることに留意し、個別の事業主体は、自ら問題解決への経営努力を行わなければならないと認識しておかなければなりません。

第1章　福祉人材マネジメントの基本

4. 現状と近未来を率直に診断してみよう

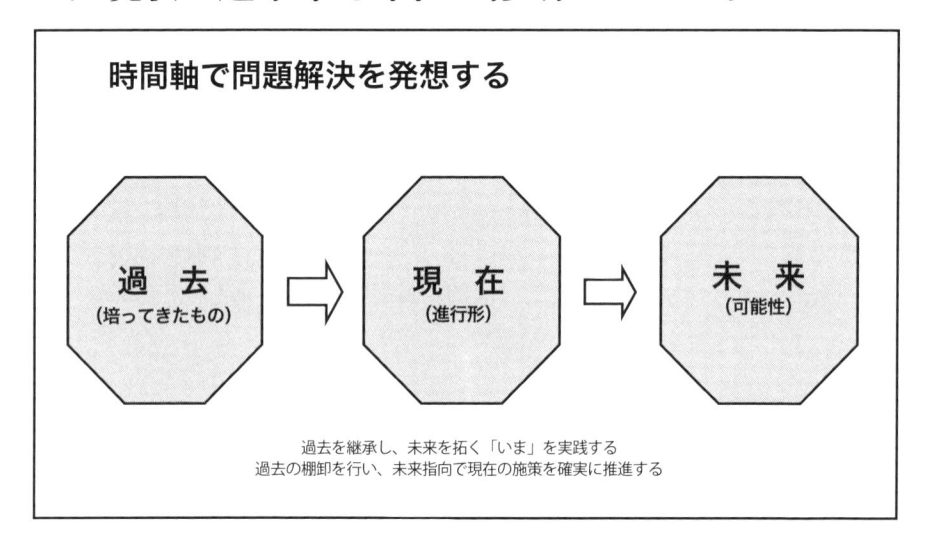

時間軸で問題解決を発想する

過去（培ってきたもの）　⇒　現在（進行形）　⇒　未来（可能性）

過去を継承し、未来を拓く「いま」を実践する
過去の棚卸を行い、未来指向で現在の施策を確実に推進する

1. よさを継承しながらも大胆に発想を転換する

○事業体（経営）にはそれぞれの顔があります。例えば、民間企業にも企業イメージがあり、そのイメージが消費者の購買動機や求職者の応募動機、さまざまな関係業者の協力動機に影響を与えています。こうした事業体のイメージはどこから生まれるかといえば、究極的には、過去の実績と未来の可能性、そして現在どのような活動を行っているかによって決定づけられるものです。

○社会福祉事業領域では、規制緩和によって、いま多様な事業主体が参入できるようになりました。そのなかで改めてイメージが形成されつつあります。民間参入によって、これまでの福祉業界のイメージに「ゆらぎ」が生じているのも事実です。行き過ぎた「儲け主義の経営」には社会的な批判が向けられ、行政も事後規制の強化に乗り出しています。

○しかし、需要と供給という市場原理が支配するなかで、選択の力関係がどちらにあるのか、そして、どちらに向かいつつあるのかを確実に見通しながら、事業経営としてのさまざまな施策推進を行っていかなければなりません。変化する環境のなか

で「現状維持は退歩である」という現実をしっかりと認識しておくことが大切です。

○自法人施設の過去の施策の棚卸を行い、良さを継承しながらも、改善・改革すべきところには率直に目を向け、未来に適合するための施策を着実にすすめていかなければなりません。経営理念やサービス目標等のビジョンを具体化し、いまやるべきことは何かを明確にしながら、職員が一体となってサービス実践に取り組むことができる職場環境条件の整備に努めなければなりません。

2．現在は、未来への一里塚である

○現在の取り組み、施策推進は、未来への一里塚です。いまの積み重ねや関係形成なくして、未来のあるべき姿（ゴール）との距離が縮まると楽観視するわけにはいきません。偶然の成果を期待するのは、経営とは言えないからです。

○人材マネジメントの推進においても、過去から現在の施策の妥当性の吟味が必要になります。これまでどのような取り組みを行い、どうような結果になっているのか。過去と現在の適正な診断を行うことによって取り組むべき課題が明確になってきます。診断の視点としては、次のようなポイントを押さえておくことが重要です。

①　自組織の人材の構成や質はどのような状況にあるのか（配置基準と実際の職員数の現状、現任者の年齢・勤続・有資格者等の構成、正規・非正規職員比率、過去数年間の入・退職者とその特徴、それぞれの将来見通し等）。
②　これまでの人事管理施策はどのようなものであったか（人事管理施策の基本方針、その透明度や共有度、人事管理・職員処遇体系の現状と見直しの経緯、非正規職員の処遇・正規化ルール、職員のモラールの現状とモチベーション施策、評価制度・育成施策の現状、職制組織とミドルリーダーのリーダーシップの現状、職場のチームワークやコミュニケーションの現状等）。
③　そうした施策がもたらした結果はどのような現状にあるのか（職員の給与水準、年齢・勤続年数・職種・職責等による格差、人件費比率とその推移、人件費構成比の現状と推移、正規・非正規職員の処遇格差等）

第1章　福祉人材マネジメントの基本

5. 例えば、退職者の要因をマッピングしてみる

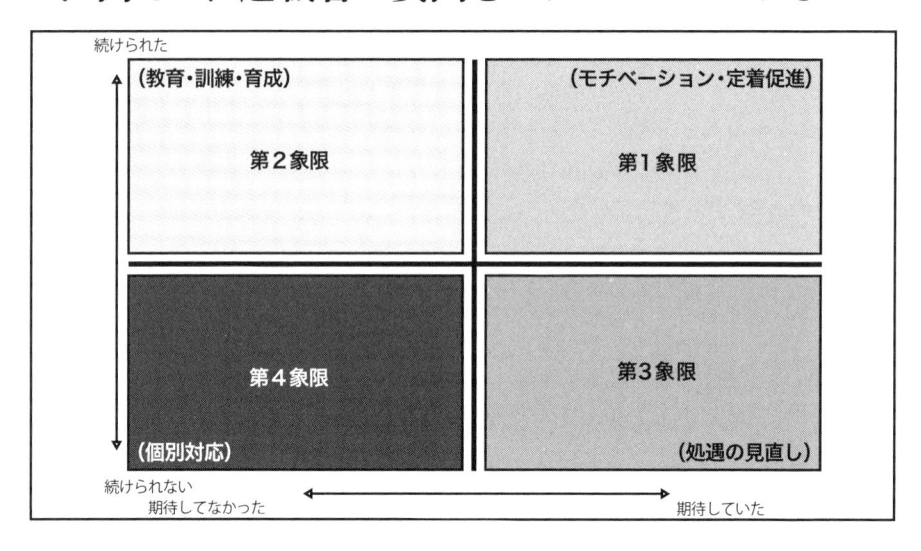

```
続けられた
↑
(教育・訓練・育成)              (モチベーション・定着促進)
    第2象限                        第1象限

    第4象限                        第3象限
↓
(個別対応)                        (処遇の見直し)
続けられない
期待してなかった  ←――――――――→  期待していた
```

1. どのような人材が退職したのか

○人材市場の流動化は、どのような業界でも起こっていることですが、福祉職場の離職率は他の業界と比較して非常に高い水準になっています。日常的に離職者の補充に追われるという後ろ向きの対応策を回避するためには、まず現任者の定着率を高めるための施策推進が重要になってきます。

○職員の離職には、それなりの理由がある筈です。また、どのような人材が離職しているかに着目しなければ適切な対応策を講ずることはできません。そこで過去3年間か5年間位を振り返り、どのような人材がなぜ流出したかを数字で把握してみることです。決して難しいことではない筈です。

○図表は、退職人材のマッピングを行うものです。縦軸に退職の理由、横軸に組織からみた当該人材に対する退職時の期待度をとり、年次毎に一人ひとりの離職者をマッピングするための枠組みです。

○第1象限は、続けようと思えば「続けられた」(例えば、他の法人施設に転職した等)

人材で、しかも組織からみて期待度が大きかった人材。第2象限は、第1象限と同様の退職事由ですが、組織の期待度はそれほどでもなかった人材。第3象限は、家庭や本人の事情でどうしても「続けられない」(退職せざるを得ない) 事由があり、組織の側の期待度も大きかった人材。そして第4象限は、第3象限と同様に「続けられない」事由があるが、組織の側の期待度はそれほどでもなかった人材をマッピングすることになります(それぞれの象限のなかでの位置づけを明確にしながら)。

　勤続年数や役職、公的資格の有無、年収等の要素が分かるようにマッピングするとさらに明確になります。

2．施策推進のターゲットを明確にする

○こうした退職者マップをつくることによって、退職理由を検証しながら実際にどのような人材が流失しているかを俯瞰することができるようになります。そのうえで、定着促進のための施策を象限別に検討することが可能になります。

○第1象限や第3象限にマッピングされる退職者が第2象限や第4象限より多いということは、組織にとって損失が重大であることを意味するものですし、第3象限や第4象限より第1象限や第2象限にマッピングされる退職者が多いということになれば、組織の人材マネジメントの抜本的な見直しが必要になってきます。

○第1象限の人材は、今後、何としても流出を回避しなければならない人材ですし、第3象限の人材は、離職の事由が回復した際に復帰の道をつけることを考える必要があります。また、第2象限にマッピングされる流失人材については、採用選考や入職時の教育訓練・育成施策の見直し、職場の人間関係等の改善を検討する必要があります。もちろん、給与等の職員処遇に起因する流出については、総合的な対策が必要になってきます。

○ある施設では、"甲斐づくりプロジェクト"という定着・確保・育成に関する職員参加の委員会を組織し、具体的な取組みを行っています。現場のリーダー層を巻き込んだ地道な取組みが功を奏しています。

第1章　福祉人材マネジメントの基本

6. 事業収支や人件費比率はどのような推移を辿っているか

1. 調査対象施設概況

	平成17年調査	平成20年調査	自施設
施設数	991	174	—
平均定員	66.9人	76.3人	
延べ利用者数	2,001.9人	2,284.9人	

2. 事業収支

収入	22,675千円	25,059千円	
内介護料収入	21,910千円	20,741千円	
支出	19,586千円	24,199千円	
内給与（率）	12,504千円（55.1%）	15,237千円（60.8%）	
差引（率）	3,089千円（13.6%）	859千円（3.4%）	

3. 常勤換算一人当たり給与（常勤）

看護師	392,784円	453,236円	
准看護師	346,697円	362,652円	
社会福祉士	324,401円	340,464円	
介護職員	271,608円	290,289円	

「平成20年介護事業経営実態調査結果について」（厚生労働省）より著者作成

1. 事業収支と人件費のバランスに着目する

○経営としては、事業収支や人件費比率の推移をしっかりと把握しながら対応策を検討しなければなりません。市場原理が導入されたといっても、福祉サービスの事業収支は、国や自治体の設定する報酬単価で決まってくる側面があり、職員の配置基準も規制されています。制度ビジネスのなかで一定の収支差額を残し、将来の施設設備のリニューアルや設備投資のための財源を確保していかなければなりません。

○収支差額は、事業収入から支出を差し引いたものであり、寄付金等の事業外収入がない限り、収入を伸ばすか、支出を減らす以外に方法はありません。収入を増やすためには、稼働率を上げるとか、制度的に認められている報酬加算をこまめに検討することが必要です。一方、支出については、人件費、事業費、事務費に大別されますが、人の手による労働集約型の事業であるため、人件費の比率がどうしても大きくならざるを得ないという現実があります。

○仮に、年間3億円の収入に占める人件費比率が60％であったとすれば、人件費

は1億8,000万円となり、年平均2％の人件費増があったとすれば、360万円ずつ人件費は増額することになります。収支差額が5％で1,500万円あったとしても4年で収支差額は零にまで落ち込んでしまう計算になります。人件費比率は、職員配置をどのように行うか（正規職員と非正規職員の比率や専門人材の配置等）と密接に関係するものですが、パイの拡大の難しいなかでいかに人件費の適正化を図るかは、これからの人材マネジメントの極めて大きな課題となります。

２．人件費の構成比に着目し、抑制ではなく適正化を

〇職員の給与等処遇条件を見直し、労働条件を改善したいという経営者の思いがなかなか実現できないのは、こうした構造的な問題に要因があると言ってよいでしょう。しかも、日本の雇用慣行は、能力主義や成果主義等の新たな人事基準が取り入れられてはいますが、基本的には終身雇用、定期昇給システムが前提となっており、職員の世帯形成やキャリア開発を考慮した処遇体系を維持しなければコア人材を確保することが難しい環境にあります。

〇職員の給与は、経営の視点でみればコストということになりますが、人材市場における世間水準を考慮しなければなりませんし、職員の生活（現状および将来の生活設計を含めて）を保障するという視点が必要になります。総枠人件費の適正化を図りながら、日本的な雇用慣行にも適合する公正な人事処遇体系を整備するためには、職務・職責、能力や貢献度に応じた処遇を行うという新しい人事基準の導入が不可欠になってくるものと思われます。

〇処遇体系の見直しと適正化のためには、現状の人件費の構成比に着目することも重要です。人件費には、月例給としての基本給（本俸）や諸手当があり、さらに賞与（期末勤勉手当）や退職金、法定福利費等があります。職員研修にかける費用や採用のための経費も含んでおかなければなりません。そうした構成比がどのようになっているのかをしっかり認識したうえで検討することが大切です。定期昇給システムや賞与の支給方式（支給月数や支給算式）にも着目しておかなければなりません。

第 1 章　福祉人材マネジメントの基本
7．職員の経営に対する期待は何か

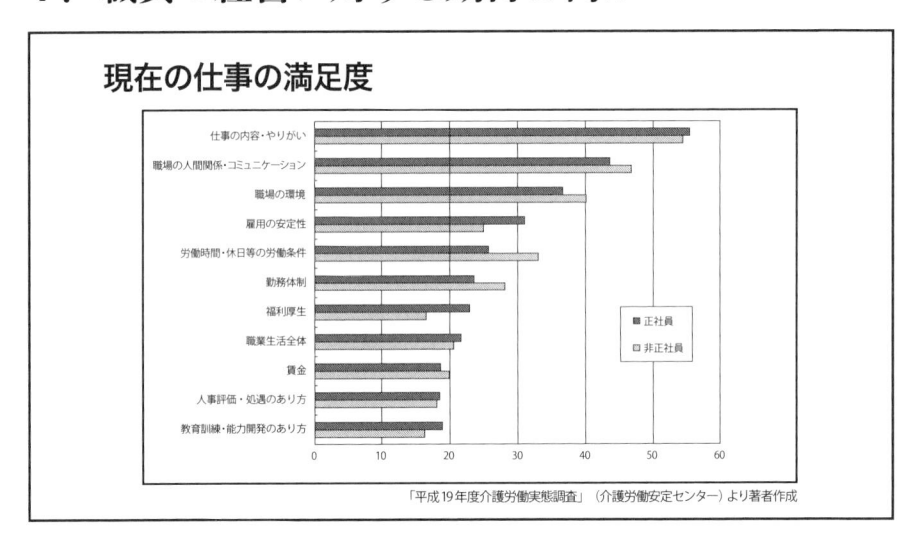

現在の仕事の満足度

（グラフ：正社員／非正社員別の満足度。項目は上から、仕事の内容・やりがい、職場の人間関係・コミュニケーション、職場の環境、雇用の安定性、労働時間・休日等の労働条件、勤務体制、福利厚生、職業生活全体、賃金、人事評価・処遇のあり方、教育訓練・能力開発のあり方）

「平成19年度介護労働実態調査」（介護労働安定センター）より著者作成

1．関係のなかで変化する意識への対応を

○介護や福祉の職場で働く（働こうとする）職員は、経営に何を期待しているのでしょうか。図表に示した介護労働実態調査結果は、その一つの指標として参考になるものです。一般的には、①意味のある仕事、やり甲斐のある仕事をしたい、②ご利用者や職場の仲間と良好な関係のなかで仕事をしたい、③安定した職場環境や労働条件のもとで仕事をしたい、と言った就労動機を多くの職員は潜在的にもっており、これに応えてほしいという期待があります。

○こうした指標を参考に、職員の期待に応えられる人材マネジメントを推進することは大切なことです。しかし、実際の施策推進に当たっては、職員の欲求のレベルや成熟度に応じた対応を検討するという視点が必要になります。

○一方では、就労意識や生活価値観の多様化が進んでいます。介護や福祉の仕事に意義と使命感をもって入職してくる職員もいれば、生活の糧（給与）を得るために入ってくる職員もいます。専門性をもった職員がいる一方で、経験や資格はないけれどもなんとかやってみようという職員もいます。地域性や事業種、法人や施

設の採用選考のあり方によっても違いが生まれてくる筈です。多様な就労意識や生活価値観に対応したキメ細かな施策推進を行わなければ効果は生まれてこないと言ってよいでしょう。

○また、職員の意識や経営に対する期待感は、関係のなかで常に変化するものであると捉えておくことが大切です。求人応募段階と面接段階の意識には違いがありますし、入職時の意識と経験を積んでからの意識にも変化が生じてきます。担当する仕事や職場の人間関係、ご利用者やご家族との関係のなかで意識はプラスにもマイナスにも変化してきます。処遇に関する受けとめ方も当然関係のなかで変わってくるものです。

2．理解と納得・共感が動機づけの基本
○経営としては、職員のこうした意識の多様性や変化に適切に対応しながら、目的集団としての組織活動（サービス実践）が円滑に遂行し、高い相乗効果と成果がもたらされるよう職員を動機づけ、組織化していかなければなりません。

○経営理念や方針・目標といった組織としての「あるべき姿」を明確にするとともに、個々の職員の欲求や成熟度に積極的な関心の目を向け、個々のニーズに応えようとする経営努力と具体的施策推進が求められます。とくに経営がすすめる施策推進の意義や具体的内容について、職員がどれだけよく理解し、納得しているか、共感をもって受けとめているかが、職員の意識形成に大きく影響するものであることに留意する必要があります。

○動機づけには、「外的（物理的）動機づけ」と「内的（自発的）動機づけ」があると言われています。外的動機づけは、指示命令による組織規範の徹底や賞罰、競い合いの奨励等であり、内的動機づけとしては、やり甲斐のある仕事の設計や目標を持たせること、権限や責任を明確にすること、成長の機会を与えること、積極的な評価や賞讃等があります。望ましいのはもちろん内的に動機づけることですが、「あるべき姿」や「めざすべき方向」「職員への期待」等、組織としての要望事項をしっかり説明され、共有化することが大切です。

第1章　福祉人材マネジメントの基本
8．給与処遇等の不満要因に目を向ける

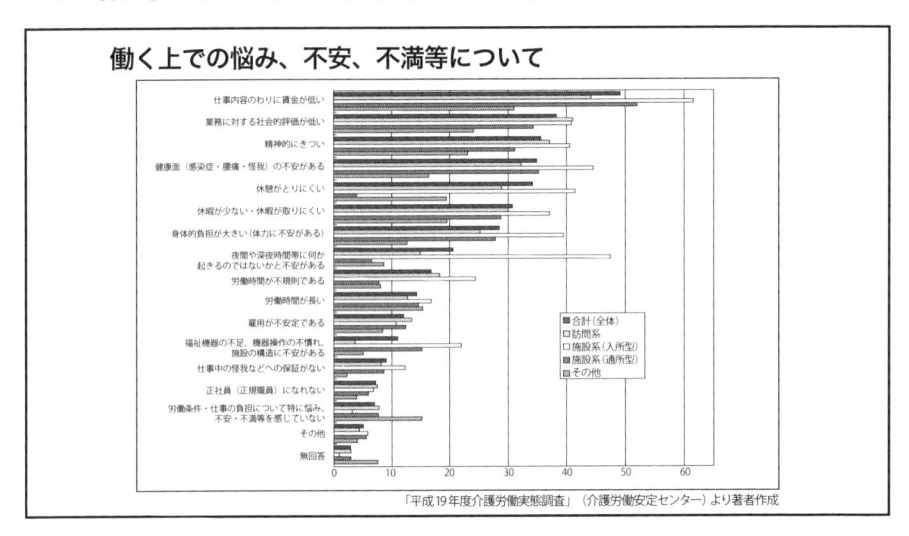

働く上での悩み、不安、不満等について

「平成19年度介護労働実態調査」（介護労働安定センター）より著者作成

1．事業種によって異なる不満の要因

○前節では経営に対する職員の期待についてみてきましたが、ここでは職員の不満や不安要因に目を向けてみましょう。不満や不安は解消しなければならないものです。図表は、介護労働実態調査の結果です。①仕事のわりに賃金が低い、②業務に対する社会的評価が低い、③精神的にきつい、④健康面（感染症、腰痛、怪我）の不安がある、⑤休憩や休暇が取りにくい、といった項目が全体として上位にランクされています。

○さらに詳細にみますと、事業種によってその要因が著しく異なっていることが分かります。このデータは、介護保険事業種に限定されたものですが、訪問系の事業と施設系の事業、また、施設系の事業でも入所型と通所型ではその内容やポイントが随分違っています。とくに目立って高いのが施設系の入所型で、内容的にも、「仕事のわりに賃金が低い」というのが際立って高く、次に「夜勤や深夜帯に何か起こるのではないかと不安がある」が続いています。「業務に対する社会的評価が低い」という要因が、事業種を超えて平均的に高い水準にある点にも注目しなければなりません。

○介護や福祉の職場において離職率が高いこと、人材難や人材市場における「福祉職場の地盤沈下」現象の要因は、こうした職員の不満や不安に起因するものであると言ってよいでしょう。国や地方自治体、関係団体として抜本的な改善施策の推進が求められるところです。経営としては、職場の実態や職員のモラール、モチベーションの現状に率直に目をむけ、不満や不安の解消、改善に積極的に取組んでいかなければなりません。

2．不満や不安の解消にどう取組むか

○職員の不満や不安もまた、関係のなかで変化するものであることに留意することが大切です。例えば、給与等の処遇不満について、給与水準そのものが低いという現実もありますが、「仕事のわりに」評価されていないという思いや処遇基準の公平性、透明性に対する不満が背景にある場合が多いようです。「この職場、この仕事で頑張っていれば、ある程度将来を展望できる」という状況認識ができなければ、安心して仕事に打ち込むことはできない筈です。

○「精神的にきつい」「健康面での不安がある」ということについては、そのことについて経営や現場の管理者がどれだけ理解し、改善に真剣に取り組んでいるかどうかによって、職員の受けとめ方は大きく違ってきます。「休憩や休暇の取得」に関する不満もよく聞かれることですが、取得できないことへの不満はむしろ職場の上司の対応や職場風土に問題を感じている場合が多いものです。働く者の権利を尊重する健全な職場風土を醸成するとともに、取得に関する基準や手続きを明確にすることによって解消できる面も多いものです。

○入所型の施設においては、「夜勤対応に関する不安」があります。とくに経験の浅い新任職員にとっては、機能的な対応の困難さだけではなく、精神的負担の大きさが不安の底流にあると言ってよいでしょう。夜勤対応に関するサービスの標準化を図るとともに、緊急時対応のノウハウの共有化や職務を通じた指導育成（OJT）をキメ細かく実践していくことが求められます。不満や不安に対し「無関心」であることは、職員に対する「放置の虐待」であるとも言えます。可能な限りの改善努力が必要です。

第1章　福祉人材マネジメントの基本

9．燃え尽き症候群への対応はできているか

働く環境の整備に必要な２つの視点

衛生要因 （不満の要因）	動機づけ要因 （やる気の要因）
・作業、職場環境の整備 ・給与や労働条件の水準 ・職場の人間関係 ・組織の仕組みや監督のあり方 ・職場や財務の安定性	・やり甲斐のある仕事である ・自己成長の可能性がある ・達成感が感じられる ・権限や責任が明確である ・上司や他者から認められる

←　安全・安定を確保したい

　　自信を活かし、充実したい　→

１．施策推進の基礎となるモチベーションの原則

○職員のモチベーションに関する研究は、20世紀の初頭からさまざまに研究されてきました。「ノルマと監視統制」によって組織への貢献度を高めようとした古典的な考え方、職場の人間関係や帰属意識を重要視した人間関係論の考え方、そして、働く人びとの自発性や自律性を引き出し、内的モチベーションを高めようとする目標管理の考え方等、有益な考え方が沢山提唱されています。

○図表は、一般に「動機づけ・衛生理論」といわれている考え方です。実証研究によって明らかにされたもので、職場には、職員が不満を感じる要因とやる気になる要因とがあり、これはそれぞれ異なる要因であるというものです。職員の定着やモチベーションの促進には、こうした考え方を実践に活かした施策推進が望まれます。

○「衛生要因」（不満の要因）としては、作業、職場環境の整備、給与や労働条件の水準、職場の人間関係、組織の仕組みや監督のあり方、職場や財務の安定性等があげられています。不満の解消のために改善が必要になります。少なくとも他の職場と比較して遜色のない条件の整備に努力しなければなりません。

〇しかし、こうした衛生要因の改善が行われたとしても、それは不満の解消にはつながりますが、やる気を高めることに直結しないというのが、この考え方の特徴です。やる気を高めるのは、「動機づけ要因」に着目した施策推進が必要になります。やり甲斐のある仕事であること、自己成長の可能性があること、達成感が感じられること、権限や責任が明確であること、そして、上司や他者から認められること等が、「動機づけ」の主要な要因としてあげられています。

〇つまり、職員のやる気は「仕事そのもの」と深く関係しているということです。仕事に意義を感じ、達成感を味わい、そのプロセスで成長が可能であること、そして関係者から評価され、認められるという状況をつくりだすことです。介護や福祉の仕事の意義と、ご利用者とのかかわり、そして、この仕事がこれからの超高齢社会を支える大切な仕事であることを、改めて確認し未来へのビジョンを示すこと必要です。

２．燃え尽き症候群への対応

〇福祉職場で働く職員は、専門職として高い使命感をもち、ご利用者サービスに懸命努力している人が少なくありません。その結果として、この職場には、「燃え尽き症候群」(バーンアウト)が多いと言われています。メンタルヘルスの問題でもあり、こうした現象にもきめ細かな配慮が必要になります。

〇介護・福祉職場におけるバーンアウトの研究として、代表的なものに都立労働研究所の調査研究があります。それによりますと、①経験年数の浅い者ほどバーンアウトの兆候が高い、②上司や同僚との葛藤や職場のコミュニケーションの不良、教育訓練の不足がバーンアウトの兆候を高める。③仕事にやり甲斐や面白さを感じている人、仕事量の負担が低い人、残業や夜勤の少ない人はバーンアウトの兆候が低い、④同居家族や配偶者、職場の同僚や上司といった周囲の人たちからのサポートは、バーンアウトの兆候を和らげる効果がある等の報告があります。どのような配慮や施策推進が求められるかということが見えてくる報告内容になっています。

第1章　福祉人材マネジメントの基本

10. 相互援助の気風とミドルリーダーの役割

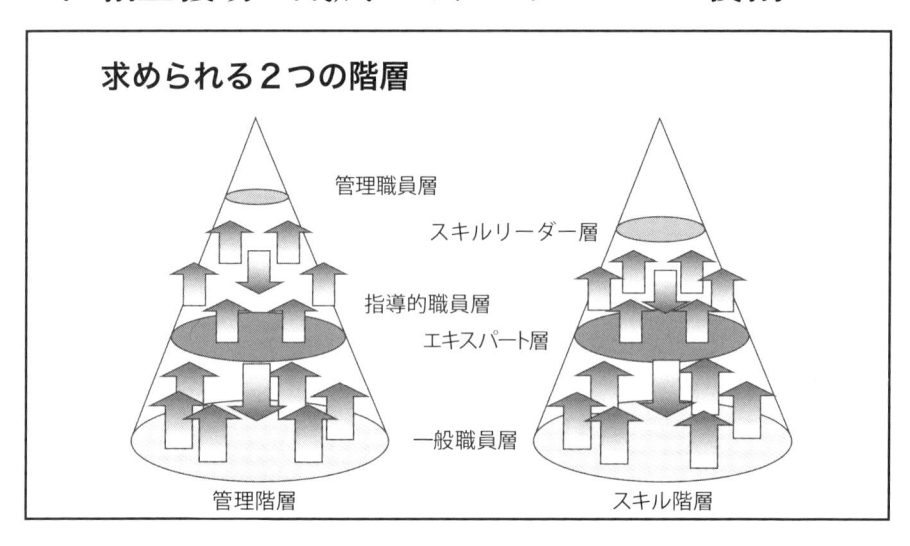

求められる2つの階層

- 管理職員層
- スキルリーダー層
- 指導的職員層
- エキスパート層
- 一般職員層

管理階層　　スキル階層

1. ミドルリーダーの役割が大きい

○「働き甲斐のある職場づくり」にとって、現場の管理者やミドルリーダーの役割は大きいものがあります。職員と日々接することが多い管理者やミドルリーダーの人材マネジメント力が、職員の士気に大きく影響してくるからです。日常的にどのようなかかわり（関係形成）を行っているか。組織としてのあるべき姿や期待値をどれだけ丁寧に説明し、理解や納得・共感を得ているか。現場の状況にどれだけ目をむけ、関心をもち、声を聴こうとしているか。そして、職員の成長をどれだけ願い、実践しているかと言ったことは、職員のモチベーションに大きな影響を与えます。

○上司と部下（職員）との信頼関係づくりは、組織における職務職責や役割分担と言った機能的な関係を整えるとともに、お互いがお互いを認め合うという人間的な関係を形成する必要があります。これからの福祉職場では、機能的な関係の整備として「管理階層」と「スキル階層」を形成することが望まれます。そのことによって組織における人間関係もさらに円滑なものとなってくるでしょう。

○責任を担う管理者やミドルリーダー（指導的職員やスキルリーダー、エキスパート

層）としては、機能的側面で期待される役割を自覚しながら、それぞれの立場に応じた役割行動を実践していくことが望まれます。人は、誰もが関係のなかで「認められたい」という思いをもっているものです。職場では、上司や先輩から認めてもらいたい、評価してもらいたいと考えています。その思いにどれだけ応えられるかが上司・部下の信頼関係づくりの基礎になります。

○上司としては、職員の日常行動に問題を感じ、もっとこうして欲しいをという思いが生まれてくるのも致し方のないところです。その結果、職員に対し要望事項が先行し、欠点や問題点ばかりを指摘してしまいがちです。しかし、相手の身になって考えてみますと、頑張っていること、苦労していること、成果やアピールポイントをしっかり受けとめ、適切にフィードバックし、サポートしてくれることがなければ、自分の存在意義を確認することができません。

２．ミドルリーダーの育成を図る

○管理者やミドルリーダー層は、基本的に２つの役割をもっています。一つは、その組織やチームが果たさなければならない機能（サービス実践等）を期待通りに果たし、さらに改善や改革を推進すること、そしてもう一つは、その機能の遂行や改善改革の担い手である職員やチームをまとめ、活性化するというものです。「仕事（機能）の管理」と「人（職員）の管理」について維持と改善・改革の管理を進めていかなければならないということです。

○そのため管理者やミドルリーダー層は、正しい役割認知に基づいて適切な役割行動が発揮できるようマネジメント力やリーダーシップ、部下指導能力（OJT力）等を醸成する必要があります。スキルリーダーやエキスパート層には、とくに指導能力が期待されます。

○経営としては、そうした管理者やミドルリーダーの位置づけをしっかり行うとともに、適切な役割行動を行うことができるような職場の仕組みづくりや育成施策を講じていかなければなりません。

第1章　福祉人材マネジメントの基本
11. 短期の問題解決と中長期の問題解決

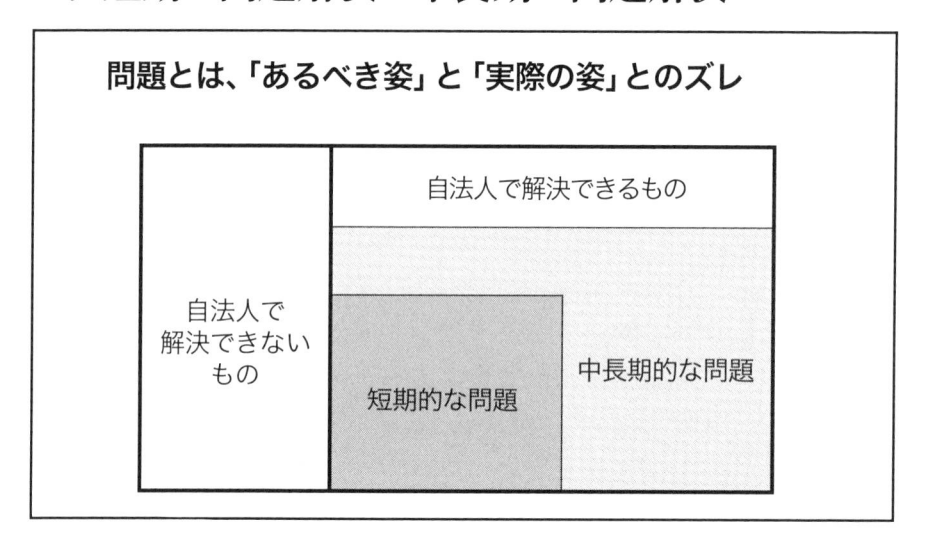

問題とは、「あるべき姿」と「実際の姿」とのズレ

	自法人で解決できるもの	
自法人で解決できないもの	短期的な問題	中長期的な問題

1．問題解決の姿勢を明確にする

○「マネジメントは、問題解決活動である」と言われます。これからの人材マネジメントもまた問題解決の連続であると考えてよいでしょう。問題とは、「あるべき姿と実際の姿とのズレを誰かが感ずること」であると定義づけられます。こうした視点で現実を見ますと、人材マネジメントとして解決しなければならない問題は山積しています。

○問題には、自法人で解決できるものと解決できないものとがあります。例えば、制度や政策に関する問題は、一法人施設だけの努力では変えることはできません。制度政策に対する認識をもち、要望すべき課題については業界としてしっかり要望機能を発揮していくことが民主主義の基本になります。しかし、他方では、制度の枠組みのなかで経営として解決できる（解決しなければならない）問題を明確にし、当事者意識をもって解決する努力をしなければなりません。

○経営として解決すべき問題としては、短期の視点で解決しなければならないものと、中長期の視点で取り組まなければならない問題とがあります。例えば、職員の

退職に伴う補充要員の確保は短期的に解決しなければならない問題ですが、そうした短期の問題がしばしば起ることがないよう中長期の視点で抜本的な問題解決を行っていかなければ、いつまで経っても問題の本質的な解決にはなりません。

2. 何を、いつまでに、誰が、どのように解決するのか
○短期・中長期の多くの問題をかかえ、経営としては、何を、どこから、どう手をつけてよいのか、試行錯誤することが多いものです。しかし、問題解決を先送りしていたのでは、むしろ問題はさらに深刻化してしまいます。人材マネジメントについてもリスク・ヘッジ（回避）の発想で問題解決をすすめることが大切です。

○そのために、まず、解決すべき問題をリストアップし、目標（何を、どのレベルまで、いつまでに）を明確にすることが必要になります。現実的に「困っている問題」についてはリストアップも容易であり、これは緊急に対応策を検討しなければなりません。大切なことは、さらに中長期的に解決しなければならない問題をリストアップし、目標化することです。

○中長期の問題は、将来の「あるべき姿」を描くことによって明確になるものです。経営理念やサービス目標とも密接に関連してくるものです。経営の「めざす方向」との関連のなかで、現状と将来予測される状態との両面に目を向け、「ズレ」を明確にしていくという思考のプロセスが必要になります。

○リストアップした問題については、優先順位づけを行うことが大切です。あれもこれもと総花的に取り組もうとしてもマンパワーや時間には限度があり、目標倒れになってしまいがちです。①緊急性、②重要性、③実現の可能性等を勘案しながらどこからどう取組むかを決定していくことが大切です。

○問題（目標）を「誰が解決するのか」という点を具体化することも重要です。最終的には経営者が責任をもたなければなりませんが、実際には、担当者やプロジェクト（委員会等）で検討をし、実施することが望まれます。

第1章　福祉人材マネジメントの基本

12. トータルな人材マネジメントの推進を図る

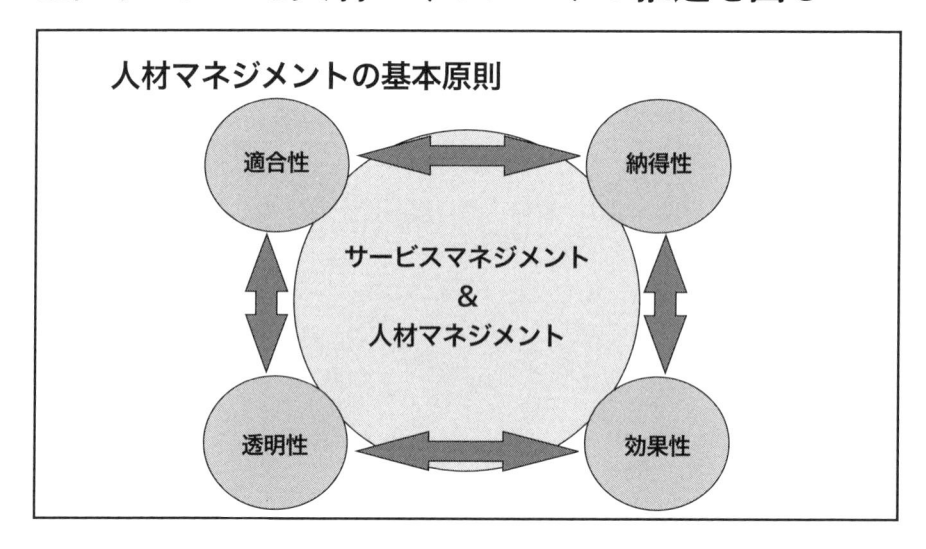

人材マネジメントの基本原則

適合性　　納得性

サービスマネジメント
＆
人材マネジメント

透明性　　効果性

1．サービスマネジメントと人材マネジメントの一体的推進

○本章のしめくくりとして、人材マネジメントの基本的視点を改めて確認しておきます。人を相手とし、人が担い手である福祉サービス事業においては、サービスの質は個々の担い手やチームの質によって決定づけられるものです。ご利用者のニーズを的確に把握し、適切なアセスメントとプランに基づく良質な（専門性をもった）サービスを持続的に提供していかなければなりません。

○そのためには、個々の担い手やチームが、ご利用者サービスに関する共通の価値基準（意思や意欲）をもち、サービス提供に求められる高い専門性を共有することが必要になります。ご利用者満足の実現をめざすサービスマネジメントは、人材マネジメントと一体的に推進することによってその成果が期待されることになります。

○制度の枠組みは、ご利用者の「選択」と事業者間の「競い合い」という市場原理が基本になっています。「選ばれる」法人施設づくりを行い、「競い合い」の勝利者をめざさなければなりません。また、規制緩和のなかで事業主体の多元化が進んでいますが、社会福祉法人は、福祉サービス事業の中心的担い手であり、社会福

祉法第24条の経営原則に則した「福祉経営」の確立をめざさなければなりません。

２．問題解決にあたっての基本的な価値基準

○人材マネジメントとしてさまざまな問題解決、施策推進を行う際の価値基準として、図表に示した４つのポイントを押さえておくことが重要です。

○第一は「適合性」です。問題解決や施策推進において最も大切な視点は、外（外部環境）と内（組織環境）の変化に適合するという視点です。外部環境には、地域の介護・福祉ニーズの変化があり、制度改革の動きや競合の動向、人材市場の動向等があります。また、組織環境には、経営の理念や方針、培ってきたブランドイメージやノウハウ、人材の質量や組織風土、事業収支や資金収支の状況等があります。外部環境の機会や脅威、組織環境の強み、弱みに適合する施策推進を行わなければなりません。

○第二は「納得性」です。問題解決や施策推進を実行性のあるものとして実現するためには、関係者の協力と連携が不可欠です。理事会や評議員会、とくに職員の理解と納得、共感を得ることは極めて重要になってきます。ご利用者やご家族の納得性は、当然必要になります。地域社会の協力も引き出さなければなりません。「納得性」とは、合意（コンセンサス）を得ることであり、コンセンサスが「協働や連携」の源になります。

○第三は「透明性」です。公益性の高い組織として「透明性」の確保は、社会福祉法人経営の基軸となるものです。また、問題解決や施策推進には、必要情報の開示が不可欠であり、できる限りの情報を開示し、共有化する必要があります。

○第四は「効果性」です。問題解決や施策推進は、「成果の収穫」があって意義をもつものです。この問題解決、施策推進をすることによってどのような成果が期待できるのか。ご利用者にとっての成果、職員にとっての成果、そして経営にとっての成果を具体的に描き、実現をめざさなければなりません。

第2章　自信と連携を高める人材育成施策の確立

● 「育ちたい部下」と「育てたい上司」がいてはじめて育成がスタートします。

● 持っておくべき知識、身につけたい技術や技能、そしてそれらを発揮しようとする態度が指導育成の視点です。

● 「仕事とは、自分で見つけて自分で解決するもの」という共通理解がある風土が、人を育てます。

● 「見られている」自分を意識する部下と「見ている」上司の両方が成長する風土づくりを目指しましょう。

第2章　自信と連携を高める人材育成施策の確立
1．職業人としての意識こそが人を育てる

職業人としての自信の源泉

自己期待の充足
　－あるべき姿に沿った行動ができており、立て
　　た目標や課題に向かって仕事をしている。

他者期待の創造と充足
　－なぜ仕事を頼まれたのかを考える。
　　（自分に求められるのは何だろうか）
　－組織や上司の期待に応えられており、
　　メンバーの期待や満足感を充たせている。

１．自分に対する期待

○一定の年齢に達したとき、あるいは自分を取り巻く状況によって"働きたい"気持ちや"働かなければならない"という思いが生まれてきます。「それまでと異なった世界に飛び込んだ自分」は時間とともに少しずつ変化しているはずであり、そのことを自覚すること（成長の自覚）は職業人としてとても大切です。

○なぜ働いているのかを考えることは難しいことですが、"どのようになっていたら楽しい職場なのか"や、"どのようになっていたら自分のやる気が出てくるのか"は誰でも感じとることができます。

○職業人（働いている者）としての自信は「なりたい自分の姿を明確に」した上で、それに向かって努力している自分を感じている中で培われてくるものです。結果はともあれ、目標に向かって努力している姿を自分自身が感じられることは、とても大切なことです。

2. 周囲から期待され、それに応える存在へ

○一方、自分の努力が周囲からどのように見られているかも重要です。自分に対して「いつか○○さんは、このチームで大切な職員さんになってくれるだろう」という期待が自分を取り巻く人たちの中に生まれたら、こんな幸せなことはありません。言葉に出ていなくても、周囲の期待の目は感じられるものです。たとえば"今まで言われなかった新しい仕事を与えられた"とき、"新しい職員さんが入ってきて、その指導を任されたとき"など、なぜ自分がそのような仕事を任されたのかを考えることはとても重要です。「この人はやってくれるだろう」と思われているとしたら、その気持ちに応えたいと思うのはごく当然のことです。

○そしてその期待に応えられるようにさらに努力する自分がいるでしょうし、一定の成果が出たときにその喜びを共有したいと思う気持ちは、人が成長するプロセスではとても大切であると考えられています。

○"私"という存在に期待するのは、自分自身であり、上司であり、部下や後輩であり、ご利用者やそのご家族です。どの世界でも「自分ひとりでは生きていけないのだ」という常識的な考え方ができるかどうかが、職業人として大切ではないでしょうか。

○自分ひとりでは生きていけないということは、お互いに助け合って生きているということと同じ意味です。「生きる」を「働く」という言葉に代えても、同じことが言えます。そして、人が生き続けているように、人は仕事を持ち、(それができる限り)働き続けると言ってもいいでしょう。

○自分の仕事に誇りを持ち、なりたい自分の姿に近づいていることを実感しながら、そして周囲の期待に応えているという喜びを感じながら働いている限り、日々の仕事が大変でも諦めないで明日に向かうことができるのではないでしょうか。そういう意味でも、職場の同僚や上司らとの良好なチームワークは、困難を越える大きな力になるものです。

第2章　自信と連携を高める人材育成施策の確立
2．新任職員の職場適応力を育てる

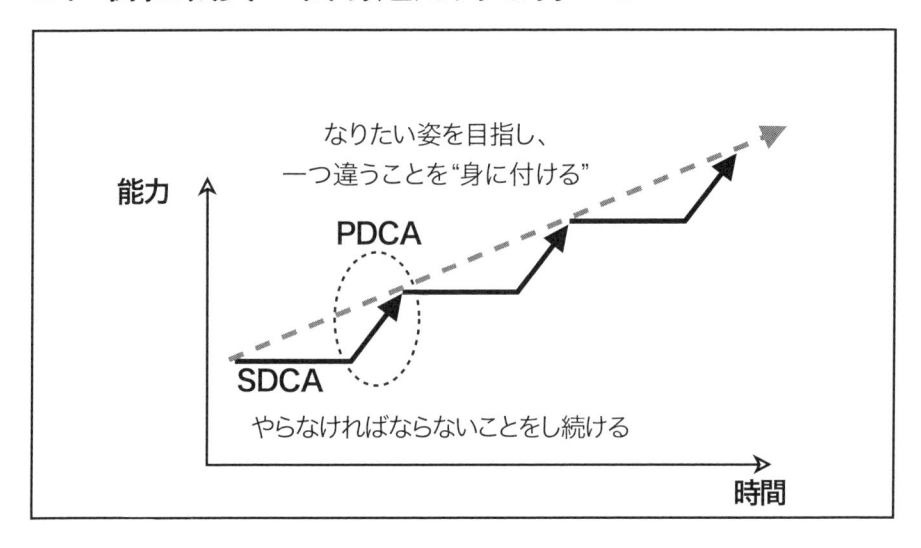

```
能力 ↑
            なりたい姿を目指し、
            一つ違うことを"身に付ける"
                PDCA
          ／⌒＼
         （     ）
          ＼__／
           SDCA
        やらなければならないことをし続ける
                                    → 時間
```

1．一段ずつ成長していく新人
○新人と呼ばれる職員は、決して年齢を示す言葉ではありません。担当する仕事の質や量の"期待する水準"に対して不足するところがあることを示します。これを"仕事の成熟度が低い"と呼びます。

○そのような職員に対しては、自分が担当している仕事を期待される水準でできるように、知識・技術・態度を身につけさせていく必要があります。はじめから何もかもが高い水準でできることを期待しては、新人は大きなストレスを感じるに違いありません。少しずつ伸びていくという実感をもたせることが大切です。

○忙しい職場では、新人に付き切りで指導をしていくことはできません。だからといって「勝手に伸びてください」ではいけません。新任職員に対しては、部署に就いた当初はやるべき仕事やそのやり方を覚えてもらいましょう。習う気持ちにさせ、何を学ぶのかを理解させ、仕事の仕方をきちん指導していくことが必要です。新人本人が「何をしていいのかわからない」といった状態で放って置かれてはいけません。"小さな目標"を与え、「そこに辿り着く達成感を味わう」喜びを感じてもらうこ

とが大切です。

2．"小さな目標"から"少し大きな目標"への脱皮

○繰り返し同じ仕事をすることで、人は仕事の持つ意味をより深く理解し、その仕事を上手に行なうコツや勘所というものに気づいていきます。それが「仕事に慣れる」という意味です。もしそのスピードが遅いように感じたら、仕事をする初期段階に一度立ち戻ってはどうでしょう。もしかしたら基本的なところで躓いているかもしれません。難しいところで立ち止まっているとき、実は基本に立ち戻って考えることでいいヒントが得られるということはよくあることです。

○しかし、一度仕事を覚えてからいつまでも同じことばかりやっていては、だんだん飽きてくるというのも人情というものです。慣れがいつしか「手を抜いてしまう」、あるいは「無意識にミスしてしまう」といったことにもつながりかねません。「次の目標を持たずに漂流してしまっている」状態は本人にとって決してよくないと同時に、起こりうる問題の芽になっていると言ってもいいかもしれません。

○「何をしていいかわからないから指示を待っている」部下や後輩には、自分で仕事を探すことを習慣づけたいものです。そしてこの時点で指導職が考えなければならないことは、「自分で目標を立てて行動する」ことを身に付けさせることです。職場環境に慣れた職員の成長が滞っているのは、本人にとって「まだ成長できる領域を残している」という意味から、決していいことではありません。同時に組織にとってももったいないことです。少し大きな目標（なりたい自分）を目指す時期を見出すのも指導職の役割です。

○ベテランとは「ある事柄について豊富な経験をもち、優れた技術を示す人」と辞書にあります。福祉のプロとして"優れた技術を示す人"になっていることを目指したいものです。福祉サービスの仕事は、専門性が期待される仕事です。一段ずつ専門性を高めていく努力が必要になります。

第2章　自信と連携を高める人材育成施策の確立
3．基準を持つのは上司の仕事

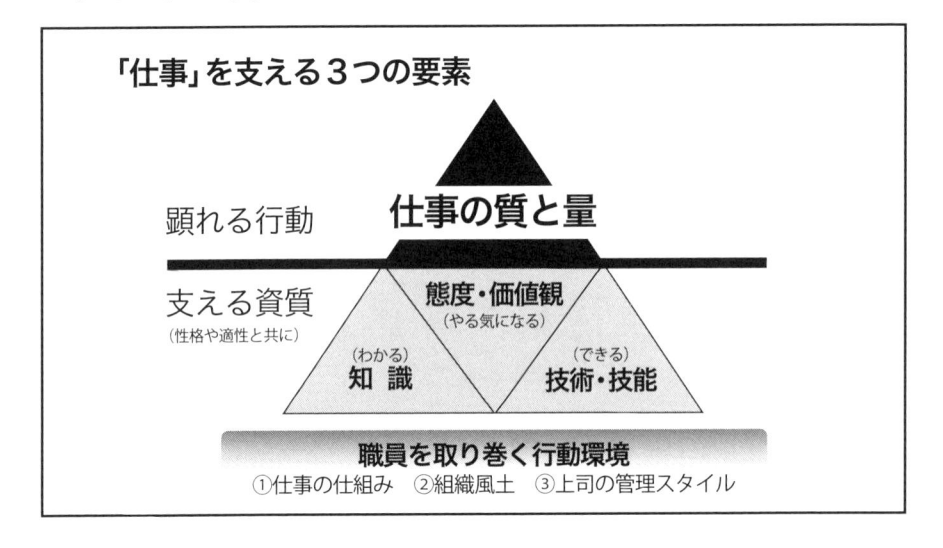

```
「仕事」を支える3つの要素

            仕事の質と量
顕れる行動

支える資質       態度・価値観
(性格や適性と共に)   (やる気になる)
         (わかる)      (できる)
          知　識    技術・技能

        職員を取り巻く行動環境
    ①仕事の仕組み　②組織風土　③上司の管理スタイル
```

1．視点を定める

○"仕事とは何か"と考えるとき、その実質（中味）はいろいろな動作（行動）で成り立っています。「作業する」ことだけではなく、「作業のための準備をする」ことや、「作業の手順を考える」あるいは「仲間と話し合う」ということも仕事の一つです。「これから何をしなければならないのかを考える」というのも仕事と考えることができます。このように考えていくと、仕事とは「何らかの最終目的に向けた行動」と言うことができそうです。

○したがって、上司の立場で大切なことは「何に向かっての行動なのか」を明確にすることであると同時に、目的にたどり着くために必要な"道具"を職員一人ひとりが持っているかどうかを見ることが求められてきます。

○仕事としての具体的な動作（職務行動）を支えているものには、知識（"分かっている"という状態）、技術・技能（"出来る"という状態）、態度・価値観（"やる気になっている"という状態）があります。これらが、職場の中で期待されている水準を超えた時、十分な仕事ができていることを実感し、先輩や上司がほめてくれ

ることになります。

2．"ほめる"（行動の強化）と"注意する"（行動の是正）

○仕事はしかし、自分が考え、自分で解決できることばかりではありません。また、必要な知識、技術・技能、態度・価値観、といったものを自分ひとりで身につけることも難しいことです。"学びたい"職員、"何を学べばよいのか迷っている職員"がいるかどうかをよく観察し、彼（彼女）らをサポートし、アドバイスする職場環境（風土）が求められます。人の成長は、決してその人の持つ特性（資質、能力）だけでなく、その人を取り巻く職場環境や組織風土に大きく左右されるものです。

○「ほめられるとうれしい」と感じますし、「叱られたり、注意されると悲しい気持ちになる」と思うのも自然なことです。ほめられるということは、「自分の行動や言動が周囲に受けいれられていることを知る」ことであり、その行動や言動をさらに発展させたいという原動力にもなります。つまり"ほめられたことによって自身の行動が強化される"ということです。

○逆に「注意される」ことで"自身の行動や言動を直さなければならない"ことを意識することになります。職場の中ではこれを"行動を是正する"ためのシグナルとして使うことができます。目的に向かって仕事をしていく中で、「知識が足りない（分かっていない）」のか、「技術・技能が足りない（できない）」のか、あるいは「態度・価値観が足りない（やる気が見えない、取り組み姿勢が正しくない）」のかを、上司や先輩の立場からアドバイスされることは、人の成長にとても大切なことと考えることができます。

○職員を育てる立場にある上司や先輩は、部下や後輩が成長していくために、何が強化点であり、何が不足点であるかをよく観察してフィードバックしてやることが大切です。それが、「ほめること」「注意すること」の意味だと理解しておくことです。

第2章　自信と連携を高める人材育成施策の確立
4．意図的、計画的な人材育成を

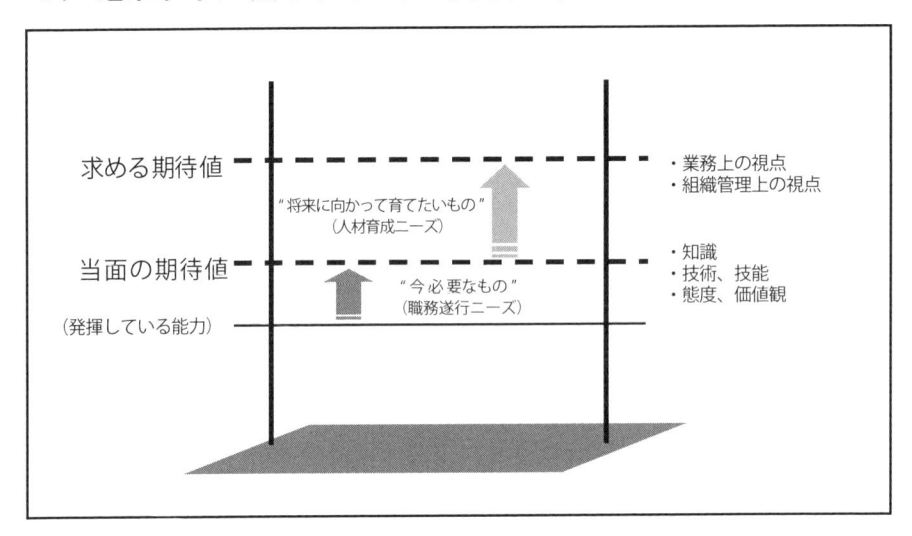

```
求める期待値 ----------------          ・業務上の視点
                                      ・組織管理上の視点
              "将来に向かって育てたいもの"
                  （人材育成ニーズ）

当面の期待値 ----------------          ・知識
                                      ・技術、技能
                  "今必要なもの"        ・態度、価値観
                  （職務遂行ニーズ）
（発揮している能力）
```

1．職務遂行ニーズ　～　すぐにでも身に付けさせたい力
○人それぞれに個性があるように、その人の仕事を支える「知識、技術・技能、態度・価値観」（前節で説明）にも"その人が発揮できる水準"があり、これには個人差があります。職員一人ひとりをよく観察し、強みと弱み（改善点）を意識することは、職員指導、人材育成の基本となるものです。

○職場では、担当するサービスや業務を期待通りに遂行することが求められます。当面の期待値をクリアできるように指導していかなければなりません。指導者としては、"職員に対する当面の期待値"を意識する必要があります。例えば、部下や後輩を指導するとき、「あなたはこの仕事を、このレベルまでできるようになってほしい」「そのために、こんな知識や技術・技能を身につけてほしい」と具体的に指導することが大切です。"今の仕事の質と量の両面を満足させるためには、何が必要なのか"（「職務遂行ニーズ」と呼びます）を具体的にすることが指導者には求められます。

○今している仕事が期待する水準に達していないとき、「まだできないの」とか「い

つになったらできるようになるの」といった言い方で指導したのではあまり効果は期待できません。むしろ、反発されることにもなってしまいます。何をすべきかをはっきりさせると同時に、本人がやる気を出してくれるような言い方で動機づけしたいものです。何よりも、「この人の言うことなら聞こう」という気持ちになってくれていることが大切であり、そのためには、指導の工夫やタイミングのよいアドバイスが必要になります。

2．人材育成ニーズ　〜　腰を落ち着けて取り組んで欲しいこと

○"仕事"は、しかし、毎日決まったことをするだけではありません。「これが自分の仕事だ」と、勝手に仕事の守備範囲を決めてしまうような職員がいたとすれば、自分の仕事を理解し、責任を持って遂行するという意味ではよいことですが、連携や協働、チームワークという視点が欠落してしまいますし、日々の仕事を通じてつかむことの可能な"仕事を通しての自己の成長"の視点が疎かになってしまいます。

○一定の水準で仕事ができるようになった職員に対しては、次のステップを考え、将来どのような職員になってほしいのかを明らかにしていくことが望まれます。あまり遠い将来を考えてもかえって難しくなってしまいますので、3年から5年後を想像してみましょう。例えば、新しく入ってくる後輩に対して、先輩として適切に指導できるようになるとか、さらに新しい専門的な知識や技術・技能を身につけるということです。

○職場で経験を積み重ねるということは、自分自身が成長し、「なりたい存在」に近づくこと、また、周囲から「期待される存在」になってこそ意味をもつものだと言ってよいでしょう。次のステップをめざす目標をもつことが大切です。指導者としては、一人ひとりの職員に対して将来に向かって育てたいもの（「人材育成ニーズ」と呼びます）を明確にしていくことが望まれます。職員に対してそのことを意識させることが、働き甲斐ややり甲斐にもつながり、職員のモチベーションをさらに高めることになります。

第2章　自信と連携を高める人材育成施策の確立
5．仕事を通じた育成（OJT）体制を整備する

> **OJTで活力ある職場にする**
>
> **仕事が人を育てる**
> ― 新人には"高指示－低援助"型でどんどん仕事を与える
>
> **職場風土が人を育てる**
> ― "育ちたい部下"と"育てたい上司"がいる職場
>
> **部下は上司の後ろ姿に"まねぶ"**
> ― 育成者にふさわしい範を示す
>
> **仕事を見られていることの喜び**
> ― "見られている"という意識が人を育てる
>
> **管理活動のすべてがOJT**
> ― "すべての活動が育成に結びつく"というマインドで

１．OJT が育成活動の基本である

○OJTとは、オン・ザ・ジョブ・トレーニングを意味する言葉です。つまり、仕事を通じて部下や後輩を指導・育成するということです。職員研修というと、外部研修への派遣や集合研修をイメージしがちですが、職場でのサービス実践、業務遂行のプロセスのなかに育成活動の基本があります。

○そのことは、上司や先輩として"自分が一番伸びたのはどんなときだったか"を思い起こしてみれば実感できることです。恐らくご利用者サービスや業務遂行のプロセスで、さまざまな努力や苦労、成功体験や失敗体験を積み重ねるなかで、現在の自分が培われてきたと感じられることでしょう。これらは、まさに仕事によって育てられたということを意味するものです。

○仕事が人を育てるということに着眼できれば、上司としてなすべきことは、部下を仕事の道具としてみるのではなく、自ら成長する存在として認め、育成を促進するような仕事の与え方をすることです。

　・仕事の意味をよく理解させる。

・ステップ・バイ・ステップで、手順を追ってマスターさせる。
　　・徐々に難しい仕事にチャレンジさせる。
　　・権限の委譲を行う。
　　・新しい仕事を与える。
などの配慮が望まれます。

○新人の場合には、一定の"知識"はあっても、それを実現できる"技術・技能"が追いついていないケースが多いものです。そのような場合は、次節で述べる「仕事の教え方4段階」の手順で的確な指示と指導を行うことが大切です。任せきりにするとか、逆にいつまでも手を貸し続けていたのでは、部下の成長は期待できません。はじめのうちは、"高指示－低援助"型（きちんと指示をし、基本を身につけさせる）の指導が望まれます。

2．組織風土が支える人材育成

○誰でも仕事を通して成長したい（育ちたい）と考えます。いつまでも同じ質と量のままでは、本人の能力開発は進みませんし、場合によってはやる気をなくすということにもなりかねません。"育ちたい部下"の気持ちを受け止める"育てたい上司"がいる職場では、上司が仕事を通して模範を示すといった積極的な関わりが多く見られます。"育ちたい"と"育てたい"があふれている組織風土を目指しましょう。

○仕事は"見られている"ことで、期待に応えようとする気持ちが出てくるものです。この「他者期待をつくる気持ち」と「その期待に応えたいという気持ち」が連結することによって、"周囲の新しい期待を生み、それに応えようとする"好循環の職場風土が生まれてくることになります。このような生き生きとした"育ち"の風土づくりが、職員が職場に定着する大きな要素ともなるものです。

○職場の管理者やミドルリーダーは、管理活動のすべてが職員育成につながっていることを自覚することが大切です。

第2章　自信と連携を高める人材育成施策の確立

6. 仕事の教え方4段階の実践

> ### 第1段階・・習う準備をさせる
> ― 仕事の内容を理解させ、覚えたい気持ちにさせる
> ### 第2段階・・仕事の内容を説明する
> ― 仕事のステップを理解させ、急所を知らせる
> ### 第3段階・・実際にやらせてみる
> ― やらせてみて間違いを直す
> ### 第4段階・・教えた後を見る
> ― 仕事につかせ、だんだん指導を減らしていく

1. 成熟度に合わせたトレーニングを

○その仕事に就いたばかりの新任職員だけでなく、他施設あるいは他職場から異動してきたばかりの職員は、まだ新しい職場での自分の担当や、職場のルールをよく理解していません。そのような職員には、職場での仕事の仕方を教えることが必要です。本人の"知識・経験の度合い"や"持っている技術や技能"を確認せずに「全てを任せて」しまうのではなく、"自職場のやり方"を再確認しながら仕事をすることが必要です。

○"仕事"はそれを分解すると多くの基本動作に分けることができます。それぞれの基本動作について内容を理解してもらうとともに、その職場で大切にしている仕事の流儀（例えば「業務の流れより、ご利用者の満足が第一」といった考え方）を教えることも大切です。また仕事の「コツ（勘所）」や「急所」を知ってもらうことで、その動作を間違えずに行うとともに、ラク（楽）に実施することが可能になってくることを教えてあげることもできます。

○仕事の成熟度が高くない職員に仕事を教えるときに役に立つものとして「仕事の

教え方4段階」があります。これをよく理解して活用すると、比較的短い期間で仕事を覚えてもらえるということが知られています。仕事の成熟度が高くない人に仕事を教える場合や、ベテラン職員が自分のもっている技術を若い人に伝承しようとする場合に活用できます。

2. ステップ・バイ・ステップで

〇何の予備知識の無い人に仕事を教えることは大変難しいことです。すでに「仕事を支える3つの要素」で述べたように、その人の仕事の質と量を支えるのは、"知識"（知っている）、"技術・技能"（できる）"態度や価値観"（やる気になっている）の3つであることを思い出してください。成熟度の低い人に仕事を教えるときには、まず本人がこの3つの要素について、どのくらい保有しているかを知ってから始めましょう。本人にとっては「習う準備をさせる」ことでもあります。本人が「仕事を覚えたい気持ちにさせる（やる気になってもらう）」ことも重要です。これからやる仕事の内容を知ってもらうにしても、「やるぞ」と思って聞いてもらえれば、理解のスピードがより速いに違いありません。

〇次に、実際の仕事の内容を説明することになります。「仕事の内容を説明する」ということは、その内容を"言葉にすること"です。教えようとする前にこの作業を事前に行っておきましょう。ハッキリと抜けがないように"仕事のステップ"を一つずつ言葉にします。「ここは特に大切なポイント」「これは間違ったら危険だ」「こうやったら上手くできる」といった勘所（ツボやコツ）も意識するといいでしょう。

〇業務標準やサービスマニュアル、仕事の手順書等を使い、根気よく、本人が理解しているかどうかを確認しながら一つずつ言って聞かせましょう。さらに、「やって見せながら」教えるのが効果的です。そして、「教えた後」をフォローすることも大切なことです。不安を持っている職員は、きっと「分からないときには誰に聞けばよいだろう」と思っている筈です。分からないことを安心して聞ける関係をつくることはとても大切なことです。

第2章　自信と連携を高める人材育成施策の確立
7．チームワークと組織力を高めるコミュニケーション

> **事柄の（理性的）コミュニケーション**
> 　　（内容、事柄、説明、指示・指摘、質問、確認）
> **気持ちの（情緒的）コミュニケーション**
> 　　（挨拶、激励、感謝、賞賛、注意）
> **両方を活用し、働きやすい雰囲気を**

1．コミュニケーションは双方向で
〇チームワークにはいくつかの段階があると言われています。その中で基本とされるのは「チームメンバーの間に連携・協力があり、情報の共有やホウレンソウ（報告－連絡－相談）が行われている状態」です。この状態が成り立つためには、お互いに自分の伝えたいことを言うことができ、聞きたいことが聞けるという関係が大切です。このようなオープンなコミュニケーションがチームワークの基礎であり、「職場を活性化し、働きやすく、個々の業務に改善や改革を促す」ことができるチームワークづくりへと展開されてきます。

〇"コミュニケーション"とは、もともと「共に在る」というラテン語が語源と言われています。つまり双方向であることがコミュニケーションの基本というわけです。一方的に言いたいことを話しているのはコミュニケーションではなく、ただ単に言いたいことを伝達しようとしていることです。まずは「伝えたいことの真意が伝わる」ように話すことが重要です。これを「事柄のコミュニケーション」と呼びます。理性的あるいは合理的に、伝えたい内容を伝えるものです。しかし、事柄のコミュニケーションだけでは組織は活性化しません。

2．気持ちが伝わるコミュニケーションへ

○組織には、機能的（事柄）側面と人間的（関係的）側面があります。関係的側面にはお互いの意志や気持ちがあります。コミュニケーションにおいて大切になるのは、意思や気持ちを伝え合うことです。意思や気持ちを共有化することによって、事柄の理解は、納得や共感へとつながってきます。こうしたコミュニケーションが「気持ちのコミュニケーション」と呼ばれるものです。

○同じことを言っても、その真意（本意）が伝わらなければ、相手は動いてくれません。仕事は情緒や気分で行うものではありませんが、いくら仕事だからといって内容をぶっきらぼうに指示されて喜ぶ職員はいない筈です。丁寧な説明や受け手の気持ちをも配慮したツー・ウェイ（双方向）のコミュニケーションを行うことが大切になります。「昨日ちゃんと言ったじゃない」と言われても、その"ちゃんと"が本人に伝わっていないことが多いものです。「気持ちのコミュニケーション不足」が、その原因であると言ってよいでしょう。

○大切なことを強調する、挨拶する、激励する、感謝する、あるいはほめる、注意するといったことは、必ずしもいま伝えなければならない「事柄」（内容）そのものではない場合が多いものです。しかし、そうしたお互いの関係を円滑にするコミュニケーションが行われていない職場を想像してみますと、職場は、オアシスのない砂漠になってしまいます。コミュニケーションは、"言葉の意味と意思や気持ち"の両面を共有することによって成り立つものであると認識しておくことが大切です。

○もちろん、事柄のコミュニケーションは、しっかり行う必要があります。福祉職場でサービスや業務の標準化が遅れているところも少なくありません。こうした職場では、サービスや業務の内容、手順、留意点、申し送り事項等について、お互いがまず理解し、共有化することが大切です。事柄のコミュニケーションをしっかり取ることが、職員の育成にもつながり、チームワークのなかでの連携を深めることになります。

第2章　自信と連携を高める人材育成施策の確立

8. コミュニケーションで育つ育成風土

```
コミュニケーションに重要なこと
```

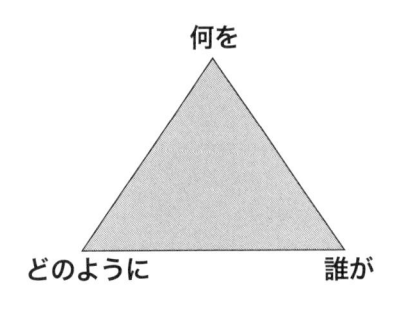

            何を
          △
     どのように   誰が

●何を目的とし、何を話し合おうとしているのか
●どのようにコミュニケーションを保つか
●お互いの関係や話し合いの雰囲気はできているか

・この3つにいつも注意を
・3つのどれかに偏り過ぎないこと

1. 送り手と受け手が満足するコミュニケーションを

○一方的に言いたいことを言って終わる"一方通行"ではなく、送り手のメッセージ（言いたいこと）と受け手の理解（聞きたいこと）が重なったときに、いいコミュニケーションが取れたということになります。ここで重要なことが3つあります。第一は、「何を目的として、何を話し合おうとしているのか」、第二は、「どのようにコミュニケーションを保つのか」、そして第三は、「お互いに話し合いの雰囲気ができているのか」ということです。

○たわいのない会話であれば難しいことを考える必要はありませんが、仕事の中での"コミュニケーション"となると、何かを話す人（送り手）とそれを聞く人（受け手）がいて、「伝えたい何かを"伝えたい気持ち"とともにどのように伝えるか」を考えなければなりません。受け手にとってその内容が"聞きたいこと"であれば、あるいは"聞きたくなるような話し方"であれば、"聴く（表面上の言葉に加えて、その意思や気持ちまで知ろうとする）"ようになるのではないでしょうか。

○職場では、お互いのことで知らないことがあるからこそ、言葉遣いに気をつける

ことも大切です。仕事はそれぞれが真剣に取り組んでいることでもあり、忙しい中で時に「相手のことを気遣う余計な言葉なんていらない…」とつい考えてしまうことがあるかもしれません。実はそこに"コミュニケーションが上手くいかない"理由の一つがあります。

〇送り手と受け手が心地よく内容を理解し合える"伝え方"があります。しかしそれは「こうやったら上手くいく」というものではなく、「送り手と受け手の関係性（お互いの関係）」や「その場の雰囲気」によってコミュニケーションの仕方はいろいろあるのだということです。単刀直入な言い方をしても、それが送り手の素直な表現だと感じられれば、受けとめ易いものです。一方、同じ内容でも丁寧な言葉でなければ受け取れないという人もいます。難しいことですが、そんな気遣いが「伝えたいことを伝える」ためには必要なことだと考えましょう。

2．効果的な質問で、部下・後輩の力を引き出す

〇管理者やミドルリーダーには、職員に伝えたいこと、伝えなければならないことがあります。しかし、相手に受けとめることができる"心理的な準備状態（レディネス）"ができていなければ、馬耳東風になってしまいます。指示や指導をするときは、相手が受けとめようとする気持ちになっているのか、受けとめ易い雰囲気になっているのかに気遣いをすることが大切です。

〇また、相手の意思や気持ち、伝えたことをどう受けとめているのかについて確認することが大切です。「どのような意思や気持ちでいるのか」「どのように理解しているか」を尋ねても、なかなか答えが返ってこないものです。自分のことであっても「整理がついていない」ということがあるからです。そうしたときには、「聞いて→まとめて→質問する」という方法を活用するのが効果的です。「聞いて」、それを「（自分の理解として）まとめて」、教えてくれた人に「質問（の形で確認）する」という方法で、意思や気持ちを本人が自発的に醸成させる方法です。

〇気づきを促し、自発的な意思形成を促進するのがコミュニケーションの基本です。

第2章　自信と連携を高める人材育成施策の確立
9. 自己成長の実感がモチベーションの源泉

自分の力を発揮する職場へ

組織内での互恵的・相互的な自己開示
でお互いをよく知る

周囲からフィードバックを受けることに
よる自己認知の拡大を

１．自己期待の充足

○どのような職業であっても、"仕事に就いている"そのことを自分に問うことはありません。自分に問う意味があるとすれば「なぜその職業を選んだのか」「その職場で何をすることに期待しているのか」ということではないでしょうか。

○"働く"ということの意味（あるいは理由）にはいろいろあるでしょうが、その一つに「なりたい自分になるため」（自己実現）ということがあるといわれています。つまり、自分自身に期待していることを実現しようとする意思なのです。「認知症のお年寄りのお世話ができるようになりたい」といった具体的なこともそうですし、「あんな先輩のようになりたい」といった具体的な人物像を持つこともその一つです。自分自身の持つ期待を満足させていくことは、とても自然なことであると同時に、自分を成長させる大きな原動力となります。

○"なりたい自分をイメージする"ことは、いつも簡単にできることではないかもしれません。忙しい毎日の中で、意識してそのイメージを持つことは難しいかもしれません。でも、無意識に時を過ごしているのと、意識して"目標に向かっている"の

とでは何かに差がでてくるのではないでしょうか。目標を持つということは、自分自身を成長させる機会を自らつくることであり、「あそこに到達したい」という意思を言葉にしていく作業です。

〇仕事を覚え始めたばかりの人は、あまり大きな目標を意識せず与えられた仕事をきちんと完結できるようになることが大切です。少し仕事に慣れてきたら、目標をもって仕事をするよう心掛けましょう。日々の仕事の中で気づいた「こういう風にすればうまくいきそうだ」とか「こんなことができるようになりたい」といったことを実現しようと考えたときに"目標"が浮かんできます。

2．他者期待の創造と充足

〇自分自身が"なりたい自分"に向かって努力し、それを達成していこうとすることが職業人としてあるべき姿であると同時に、人の言うことを聞き、自分でやるべき仕事を見つけ、自分で解決していく姿勢を持つことも大切なことです。

〇人はみな「自分のことは自分が一番よく分かっている」と考えがちですが、周囲の人はよく観察し、的確な評価をしていることが多いようです。周囲から期待される自分をつくっていくプロセス（他者期待の創造）において、同僚や上司からのアドバイスや自分の行動・言動に対するフィードバックをきちんと聴くことはとても大切です。

〇組織の中では、自分だけが満足すればよいという仕事はありません。上司、先輩、同僚、後輩、そしてご利用者、地域の方々など、自分を取り巻く周囲の多くの人が"期待している"仕事（質と量が伴います）がある筈です。自分自身が考えた行動・言動を発信すると同時に、周囲からのフィードバックを大切にし納得したものを取り入れることは、組織の中に自分の存在意義を確認し、定着させていく大きな力になるものです。

第２章　自信と連携を高める人材育成施策の確立
10. "育ちたい気持ち"を花と咲かせ、実にする職場づくり

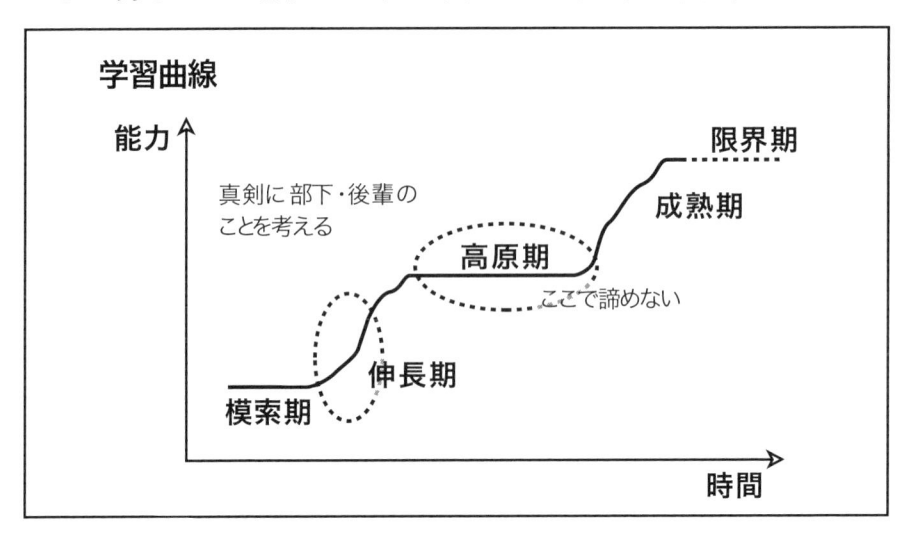

```
学習曲線
能力↑
           真剣に部下・後輩の
           ことを考える
                          ┄┄┄┄┄┄     限界期
                                      成熟期
                         高原期
                       ┄┄┄┄┄┄┄
                             ここで諦めない
              ┄┄┄
              伸長期
         ┄┄┄┄
         模索期
                                         → 時間
```

１．働きながら成長する

○"働く"ということを辞書で調べると、①肉体・知能などを使って仕事をする、②職業・業務として特定の仕事をもつ、③機能を発揮する、効果・作用が十分現れる、④そのものとしての力が生かされる、などの定義があります。人が、職業をもってその仕事をする場合には、これらすべての言葉の意味が当てはまるように思います。

○仕事を覚え始めの頃は、指示されたこと（特定の業務）をその通りにできることが求められます。時間が経つにつれてその特定の業務についての成熟度（質の向上やミスの減少）を上げ、だんだんプロとしての意識も醸成されてくるでしょう。結果として、その仕事は、例えばご利用者の満足を引き出すとともに、自分自身の仕事に対する満足感や充足感を充たしてくれるものになります。自分が「伸びる」ことが周囲に対する貢献にもなってくるのです。

○仕事を始めた頃の成長時期を伸長期と呼んでいます。「何を、どうしたらよいのか分からない」という模索期をなるべく早く脱して、大きく成長するステップに入る

ためには、もちろん本人の意欲や努力が必要です。しかし、その"育ちたい"という気持ちを感じとり、サポートしていく上司や先輩の存在はとても大きいものです。人にはそれぞれに個性がありますし、伸びる余地や伸ばす方法も個別性がありますが、模索期を早く脱して伸長期を迎えるためには、「何を、どう学べばよいか」の方向づけが必要になります。

2．花が咲き、実のなる職場作りへ

○伸長期を経過し、ある程度仕事ができるようになった頃（中堅職員）に、"成長の中だるみ"を感じることがあるかも知れません。学習曲線（図参照）で言われている「高原期」の時期です。しかし、この時に、上司が「この職員はもう成長の限界だ」と烙印を押してしまってはいけません。人の成長には必ず「高原期」があり、次の「成熟期」があるものです。諦めることなく、再度、方向づけやモチベーションを高めることが大切になります。

○よく「人は褒めて伸ばす」と言われます。高原期に入った職員は、持ち味や強みを積極的にフィードバックし、次のステップを構想させることが効果的です。つまり、良い点を褒めて強化することです。ある調査では、「"いつも自分のことに無関心だ"と思っている上司から褒められても嬉しくないどころか、不愉快に思うことがある」という結果があります。むやみに褒めても効果は上がらないようです。

○部下の成長を願う気持ちが第一であることは言うまでもないことです。本人の適性や持っている能力（知識、技術・技能、態度・価値観）を的確に把握し、将来に向かって何をどのように開発していけばよいかを考えることは、職員自身の成長を促進するために重要なことです。

○そして、育成成果が、職員の仕事での充足感や達成感（花が咲く）を支え、その積み重ねがご利用者サービスの質の向上につながり、選ばれる（実がなる）施設になるような職場風土をつくることが期待されます。

第3章　職員のやる気を高める人事管理

●人事管理は、事業の担い手である人にかかわる仕組みや施策推進を総称する意味をもつものです。介護や福祉サービス事業は、まさに人が担い手であり、他の事業領域以上に人事管理が重要であると認識する必要があります。

●かつて措置制度の時代においては、人事管理もまた行政指導の対象であり、基本的には「公務員準拠」の仕組みや施策推進が望ましいあり方であると考えられてきました。しかし、利用契約制度に移行し、「自立経営」が求められるなかで、人事管理は、経営管理や事業管理、サービス管理の一環として新たな仕組みや施策推進が求められています。

●要員計画や採用・配置・異動・研修・昇進昇格の管理や職員処遇、退職金制度や福利厚生等、整備しなければならない課題は山積しています。

●本章では、職員のモチベーションを高め、総枠人件費管理を適正に行うことをめざすトータル人事管理制度の仕組みと施策推進の具体的ポイントを検討します。

第3章 職員のやる気を高める人事管理
1. 人事管理は人材処遇のマネジメント

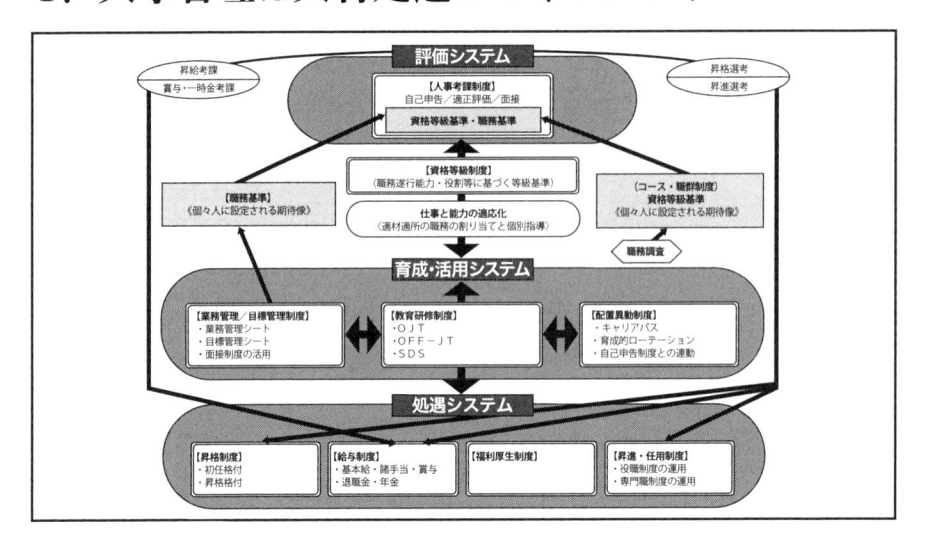

1. 人事管理は「福祉経営」の要である
○対人援助サービスを基本とする福祉サービス事業において、人材の質がサービスの質を決定づけることについては、これまでのところで幾度か述べてきました。事業の中心的担い手である人材をどのような仕組みや施策推進を通じて適切にマネジメントしていくかという人事管理は、そのあり方が経営状況に大きな影響を及ぼすものであり、まさに「福祉経営」の要であると認識する必要があります。

○人事管理が「福祉経営」の要と言わなければならないもうひとつの理由は、多くの法人施設において、事業活動による収入の半分以上、多いところでは7割以上もの支出が人件費として費やされているところにあります。人件費の適正化をどのように行うか、合理的で公平な配分をどのように行うかは、これからの事業経営にとって極めて大きな課題になります。

○とはいえ、人事管理は、人件費管理、つまり給与制度のみのマネジメントではありません。人事管理は、要員計画や採用・配置・異動・研修・昇進昇格の管理、職員処遇や福利厚生等、人にかかわる多くの事項について、基準を明確にしなが

ら仕組みをつくり、具体的な施策推進を行うというものです。これからは、とくに「評価-育成・活用-処遇」を一体的に推進するトータル人事管理の推進が求められています。

2．あるべき全体像を描き、バランスの取れた制度づくりを

○図は、トータル人事管理の全体像を示したものです。「評価システム」「育成・活用システム」「処遇システム」という3つのサブシステムによって全体が構成されています。職員ごとに求められる職務職責や能力を明確にし、それに対する達成度等を適正な基準で評価する。そしてその結果を育成・活用につなげ、合理的で公平な処遇を行うという、トータル人事管理システムの概念図です。

○現実の人事管理の仕組みは、どのようになっているでしょうか。人事管理の基本的な枠組みとなる「資格等級制度がない」、したがって、「人事考課等の評価制度も導入できない」という現実があり、育成や活用についても「場当たり的な施策しか推進できていない」、また、処遇についても「年功基準だけの処遇体系を維持している」といったところがまだまだ多いようです。

○結果として、「合理性のないアンバランスな給与処遇になっている」「職員の育成やモチベーションが難しい」「事業実績や人材市場の状況に迅速に対応する人事施策が行えない」といった問題点、人事管理制度の機能不全や形骸化といった状況を招いているケースが少なくありません。

○人材の確保と定着という大命題に立ち向かうためには、まず、法人の基本理念や人事に関する基本方針をベースとして、どのような全体像が自法人・施設に相応しいか、そのグランドデザインを構想する必要があります。そのうえで、各サブシステムのあり方を検証し、明らかになった課題に優先順位をつけて着実に取り組んでいくことが、トータル人事管理実現の第一歩なのです。「福祉経営」の要としての人事管理をどのようにすすめるかについて、経営として合意形成を図り、基本方針の確立が望まれます。

第3章 職員のやる気を高める人事管理

2．不満を解消し、やる気を促進する人事管理を推進する

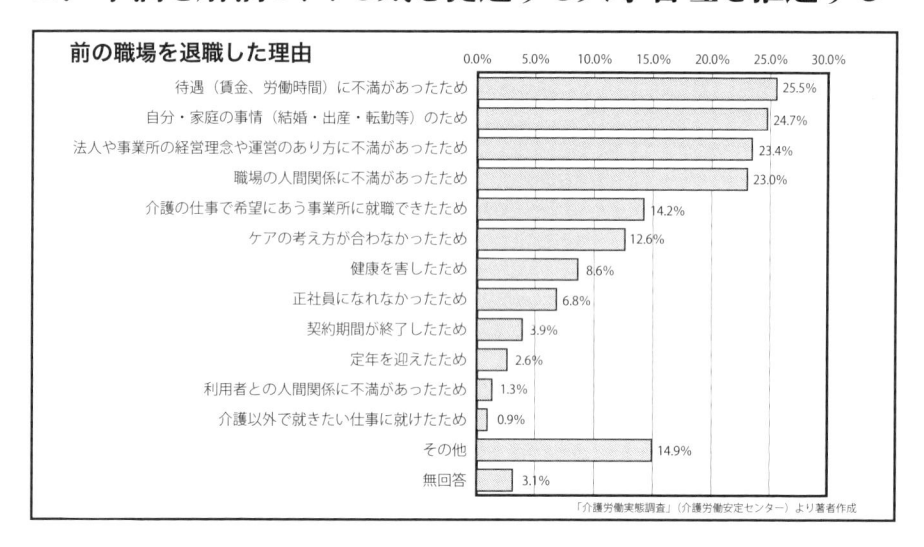

前の職場を退職した理由

理由	割合
待遇（賃金、労働時間）に不満があったため	25.5%
自分・家庭の事情（結婚・出産・転勤等）のため	24.7%
法人や事業所の経営理念や運営のあり方に不満があったため	23.4%
職場の人間関係に不満があったため	23.0%
介護の仕事で希望にあう事業所に就職できたため	14.2%
ケアの考え方が合わなかったため	12.6%
健康を害したため	8.6%
正社員になれなかったため	6.8%
契約期間が終了したため	3.9%
定年を迎えたため	2.6%
利用者との人間関係に不満があったため	1.3%
介護以外で就きたい仕事に就けたため	0.9%
その他	14.9%
無回答	3.1%

「介護労働実態調査」（介護労働安定センター）より著者作成

1．「私はこれで施設を辞めました」

○上のグラフは、財団法人介護労働安定センターが毎年行っている「介護労働実態調査」の平成19年度の結果で、「前の職場を退職した理由」を複数回答で求めたものです。結婚、出産、健康上の理由などのやむを得ない事情も見られますが、多くは待遇や人間関係など、職場内の不満に辛抱しきれずに退職した様子が窺えます。

○介護福祉士の離職理由の1位は「仕事にやりがいがない」で20.5％、続いて「職場の人間関係」の17.1％、「給料が低い」が15.0％、という調査結果もありました。これは、日本介護福祉士会が平成17年に発表した「第6回介護福祉士の就労実態と専門性に関する調査報告書」のデータです。

○単純に考えれば、これら退職の理由となる不満の要因を取り除けば定着が促進するということになるわけですが、誰からも不満が出ないだけの処遇を実現できるようなら苦労はありませんし、大勢の人が働く職場では、ある程度の人間関係の軋轢はつきものです。そう考えれば、誰しも職場には少なからず不満を抱いてはいる

ものの、それが即退職にまで至らないのは、その不満がまだ辛抱できるレベルであるか、または不満を超える満足が存在するからなのでしょう。

2．鍵は承認欲求の充足

○第1章第9節では、「不満要因の解消は"不満ではない"というだけで、満足要因とはならない。満足の要因と不満の要因は別物である」という「動機づけ・衛生理論」をご紹介しました。この理論は、アメリカの心理学者、ハーツバーグ・フレデリックが提唱したもので、動機づけの2つの側面という視点から、「二要因論」「二要因仮説」とも呼ばれています。

○この理論は、発表後すでに40年を経た今日でも、広く一般産業界で支持されています。第1章第9節（28ページ）の図をご参照ください。これを福祉職場に当てはめて考えてみますと、これまでの人事管理のなかでは、「達成感」を得たり「上司や他者から認められ」たり、ということができにくい職場であったと言わざるを得ないように思われます。結果として「自己成長の可能性」を実感する機会も乏しいということにもなります。対人援助という「やり甲斐のある仕事」そのものに対する使命感だけで持ちこたえてきた、というのが実情ではないでしょうか。

○現場のミドル・マネジメント層にとっては、「衛生要因（不満の要因）」にあたる「監督のあり方」で、真っ向からその存在意義を問われている格好になっています。だからと言って、部下の機嫌をとるだけでは役割を果たすことはできません。いわゆる「厳しい上司」でも、公平感や信頼関係を保つことができれば、少なくとも不満の要因にはならないものです。

○これからは、「動機づけ要因（やる気の要因）」としての「上司や他者から認められること」こそが、現場の上司として強く意識したい要因です。努力してもなかなか成果の見えにくい仕事に取り組んでいる職員にとって、「あなたの努力を認めています」という上司からフィードバックは、かけがえのない「承認欲求」の充足となり、やる気を促進することでしょう。

第3章 職員のやる気を高める人事管理

3. 給与のもつ3つの意味に着目する

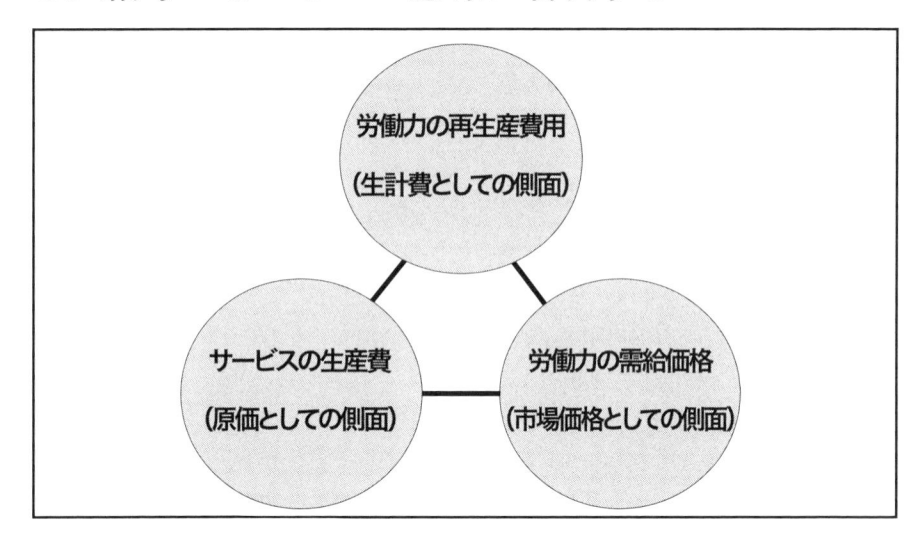

```
        労働力の再生産費用
         (生計費としての側面)

サービスの生産費          労働力の需給価格
(原価としての側面)      (市場価格としての側面)
```

1．経営者のアンビバレントな心理

○職員の給料は、その労働の対価であり、経理上は「人件費」に他なりませんが、もう一歩踏み込めば、いろいろな「意味」を持っていることが見えてきます。

○そもそも、江戸時代の給与は「扶持」というお米でした。つまり給与は、支給される側にとっては、文字どおり生活の糧であり、「生計費」に他なりません。一方、支給する側にとっては、継続して労働力の提供を受けるための費用、つまり労働力の再生産費用と見ることができるのです。

○この視点で給与を捉えれば、経営者としても「できれば多く支給したい」という思いに駆られることでしょう。職員に「ゆとりある生活」をしてもらいたいと思いがあり、またその結果として「より良い労働力の提供」や「ロイヤリティ（忠誠心）の向上」を期待する、という側面もあるからです。

○しかし、他方では、いくら高い給与を支給したくても、健全な経営を持続していくためには、人件費に充てることができる額にはおのずと限りがあります。とくに、

福祉サービス事業においては、人件費はサービスの「製造原価」そのものであり、製造原価は適正化しなければなりません。経営効率を高めるためには、できるだけ抑えなければならないという性質のものです。

○結果として、職員のことを思えばできるだけ多く支給したいが、経営効率を考えるとできるだけ抑えたいという、「アンビバレントな（相矛盾する）心理」に悩まされるのが、経営者の宿命であると言えるでしょう。

2．軽視できない「外的要因」

○経営者は、上述のような「アンビバレントな心理」のなかで職員処遇を考え、基本給ベースや昇給のあり方、あるいは賞与支給率（月数）などを意思決定していくわけですが、給与には、もう一つ「労働力の需給価格（市場価値としての側面）」があり、この面との調整が必要になります。

○かつて福祉職場では、理学療法士などのリハビリスタッフが不足し、「市場価格」が急騰したことがありました。また、昨今では医療診療報酬との兼ね合いで看護師不足が顕在化しています。かなり好条件の給与を提示しなければ、看護師を採用できないという状況が続いています。さらに、介護職員や支援員といった中心的なサービスの担い手の不足が問題になってきています。「売り手市場」「買い手市場」という言葉があるように、人材にも市場性があり、その動向を抜きに給与水準を決定できる時代ではなくなってきています。

○福祉職場にとって深刻なのは、人材不足は配置基準との兼ね合いで、即事業経営にも影響してくることです。報酬加算に影響が出ますし、すでに要員不足で施設の一部を閉鎖せざるを得なくなっているところさえ出てきています。業務量的にも、現任者にもしわ寄せが及びますし、何よりも地域における法人施設の評価にも影響してきます。経営者としては、地域における人材市場に、つねに敏感でなければなりません。また、人事管理の仕組みとしての処遇体系は、こうした市場動向に柔軟に適合できる仕組みとして構築することが求められます。

第3章 職員のやる気を高める人事管理

4. 総枠人件費管理の発想のなかで納得性を高める

職員に支給される給与・手当		月例給（月次に支払われる給与）						夜勤休日時間外	賞与(期末勤勉)	年収合計
^ || 所得内賃金（毎月決まって支払われる給与）								
^		基本給	役職手当	業務手当	生活関連	その他	^	^	^
管理職	----	----	----	----	----		----	----	----
指導職	----	----	----	----	----	----	----	----	----
一般正職員	----	----	----	----	----	----	----	----	----
非正規職員	----	----	----	----	----	----	----	----	----
合計	③ ←―――――――――――→								①

（図中に②の矢印が年収合計欄を縦に示す）

1．総枠人件費管理とは

○前節で、「人件費に充てることができる額には、おのずと限度がある」と述べましたが、ここで改めてその根拠について再確認しておきたいと思います。その前提は、福祉サービス事業がご利用者定員と報酬単価の掛け算で、事業規模（事業収入）のほとんど決定づけられる制度ビジネスであるというところにあります。つまり、ご利用者定員に対し、稼働率が100％（または許容される100％を超えた上限率）で、合理性のある加算をすべて付与したときに得られる収入が、収入の上限と言うことになります。

○一方、支出は、人件費以外の諸経費に対する「経費節減」への取り組みは重要ですが、やはりこれにも限界があります。とくにご利用者サービスの質に直結する事業費の見直しには、慎重を期す必要があります。また、事業収入はすべて使い切るのではなく、将来の設備投資として一定額は内部留保しなければなりません。内部留保のない経営は、今後、法人施設の持続性さえ危ぶまれることになります。

○つまり、「人件費に充てられる原資＝収入（ア）－人件費以外の経費（イ）－内部

留保（ウ）」という算式で発想する必要があるということです。算式において、（ア）には上限があり、（イ）と（ウ）には下限があるということは、人件費に充てられる原資にも上限があるということになります。

○そこで問題になるのが、その原資をどう配分するかということです。図は、施設から職員に支給される給与・諸手当等の集計表をイメージしたものですが、この総合計額（図の①の部分）に上限があるということは、各項目のどれかを増やしたければ、その分どれかを減らさなければならない、ということです。人材確保のためにどう配分するか。モチベーションをより高めるためにどう配分するか。その最適な配分のあり方を構想し、具体的にその方向へ導く取り組みが、総枠人件費管理の基本的な考え方になります。

2．再配分のふたつの方向

○配分の適正化には、職員の属性間のバランスの検討が必要になります。図の②の部分に着目し、役職者と非役職者、若手とベテラン、正規職員と非正規職員等の年収格差が適切であるか、等を検討することです。ある法人では、「同一価値労働同一賃金」という視点から問題視されていた非正規職員処遇について、正規職員の賞与の支給月数を落とし、それを原資に処遇格差を解消しました。正規職員が問題意識を持ち、理解を示してくれたことで実現を可能にした事例です。

○もうひとつの着眼点は、給料・諸手当・賞与等の構成比のバランスです。図の③の部分に着目し、基本給と諸手当、所定内と稼動給、月例給と賞与（期末勤勉手当）などのバランスを検討することです。ある法人では、人材市場に対応するため基本給ベースを引き上げました。職員一人ひとりの年収は保障しつつ、賞与支給方式（支給月数や算定基礎）を変更して原資を作りました。

○人件費に上限があることは職員にも理解できるはずです。ただ、その配分の方法によって、モチベーションは左右されます。総枠人件費管理の成否の鍵は、その配分方法の納得性が握っていると言えるでしょう。

第3章 職員のやる気を高める人事管理
5．「適材適所・適処遇」で人材を有効活用する

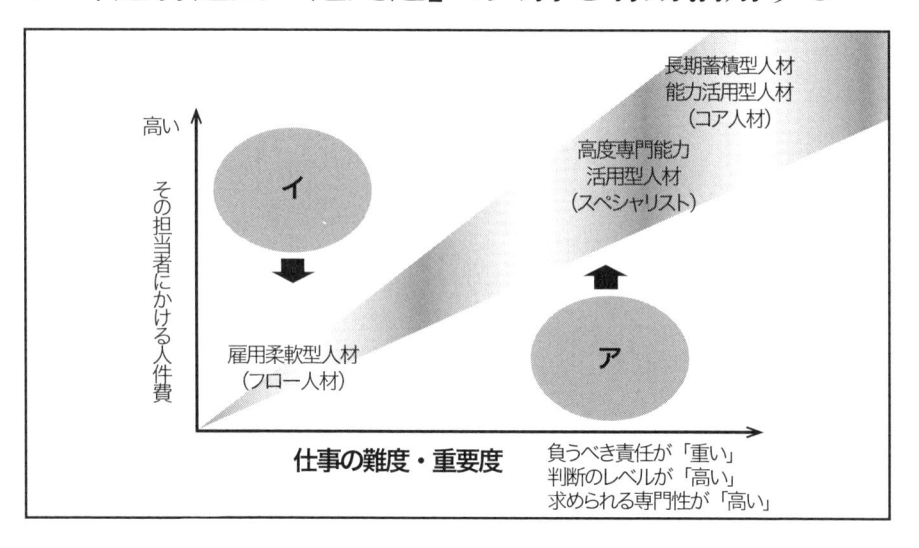

```
高い                          長期蓄積型人材
                             能力活用型人材
   ┌─────┐                    （コア人材）
   │  イ  │                高度専門能力
そ  └──┬──┘                活用型人材
の     ↓                   （スペシャリスト）
担
当
者
に            雇用柔軟型人材    ┌─────┐
か           （フロー人材）    │  ア  │
け                            └──┬──┘
る                                ↑
人
件
費
          仕事の難度・重要度    負うべき責任が「重い」
                              判断のレベルが「高い」
                              求められる専門性が「高い」
```

1．就労意識の多様化への対応

○「ずっとこの施設で働き続けて、いずれは施設長になって施設経営に携わりたい」と考えている職員は頼もしい限りですが、全職員がそういう思いでも、当然それを受けとめることは不可能です。一方で「ずっとこの施設で働き続けたいが、いつまでも第一線のケアスタッフとしてご利用者にかかわっていたい」という職員もいて、組織のバランスは保たれるものです。

○さらに、「福祉の仕事は続けたいが、もっと自分の専門性を高めてくれる職場があれば移りたい」と考える職員、「福祉の仕事は続けたいが、少しでも給料の良いところで働きたい」と考える職員、「本当にしたい事は別にあるが、それでは食えないので、食う収入を得るための選択肢の1つがたまたま福祉」などという職員もいるかも知れません。昨今の就労意識の多様化によって、施設にもさまざまな考えを持った人材が入って来ることが考えられます。

○職員採用にあたっては、確固としたポリシーを持って臨むことが重要です。しかし、これからの人材戦略を考えるうえでは、ある程度の柔軟性や「懐の深さ」も必

要です。動機はともかく、ご縁のあった人は「一定の基準」に従って受け入れ、うまく活用することができれば、それに越したことはありません。

〇「うまく活用する」とは、その職員の志向性、専門性に応じて、職務や役割を適切に割り当てることです。具体的には、意識、スキルともに高い職員には、その高さに応じて、難しい仕事、重要な仕事を割り当てます。逆に、就労意識の低い職員やスキルの低い職員には、ご利用者に直接関わらない仕事や、スキル・ノウハウの蓄積が乏しくても、経験を通じてすぐ習得できるような仕事を割り当てることです。

2．仕事と人件費の相関関係

〇その際、重要なのは、処遇とのバランスを確保することです。意識、スキルともに高い職員は法人施設の中核（＝コア）人材として厚遇し、専門能力が高い職員は、その能力相応に処遇を行うということです。一方、意識・スキルの低い職員は、それが高まらない限り、割り当てられる仕事の難易度や重要度が変わりませんから、処遇にも一定の限度を設けます。意識を変え、スキルアップすればコア人材として処遇するという仕組みにすることによって、啓発努力を促進することもできます。どうしても不満だという人材は、他の職場や他の職業領域を選択してもらうことになります。このゾーンの人材は、常に流動的であるという意味で「フロー（流動）人材」と呼んでいます。

〇つまり、仕事や職責の難易度・重要度と、その職員にかける人件費を、正の相関関係、図でいえばグレーの帯の部分に収まるよう整える仕組み、制度を整備するということが必要です。図の「ア」の部分で処遇を受ける職員がいれば、本人の離職の誘因となるだけでなく、後に続く職員にも不安が発生し兼ねません。また、年功的な処遇体系で職員処遇を続けていると、図の「イ」の部分で処遇される職員が出てきます。職員処遇体系は、一定の基準にしたがって透明性をもって行わなければなりません。「適材適所・適処遇」の公平性の基準が求められます。人件費の適正化にも役立つ処遇体系になる筈です。

第3章 職員のやる気を高める人事管理

6. 将来の希望を見える形に～福祉職場のキャリアパス～

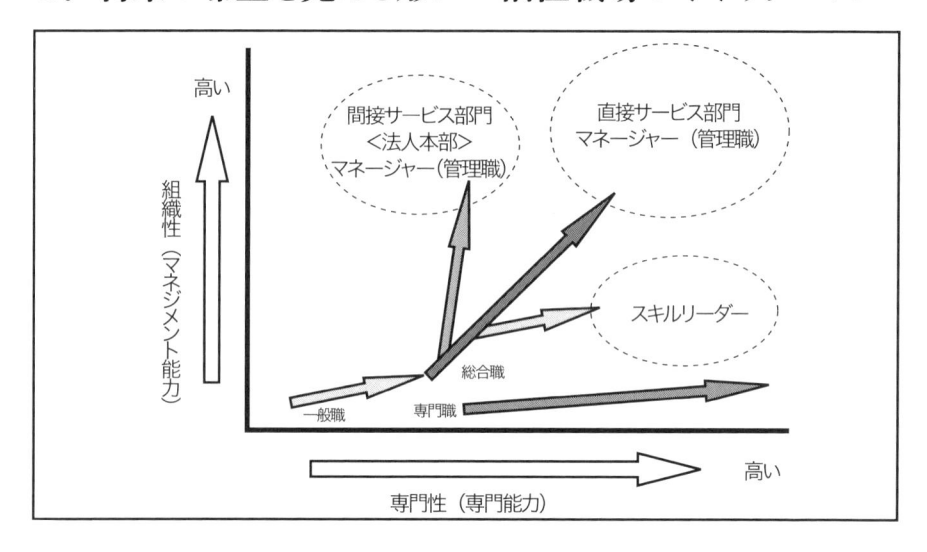

[図：縦軸「組織性（マネジメント能力）」、横軸「専門性（専門能力）」のグラフ。一般職、専門職、総合職、スキルリーダー、間接サービス部門＜法人本部＞マネージャー（管理職）、直接サービス部門マネージャー（管理職）への矢印が示されている]

1．人材開発の方向性と職群（コース）別人事

○前節の「適材適所、適処遇」の考え方を、具体的に仕組み・制度として整備するのが「職群（コース）別人事制度」です。従来、福祉職場の人材開発は、専門性と組織性の両方を、バランスよく身につけることを基本としてきました。唯一例外は、看護師や作業療法士など医療・リハビリ系の専門職で、この職種の職員には、連携上の組織性は求めても、あくまでも専門性を活かした現場での業務の継続が前提であり、マネジメント業務を専業で務めることができるまでの組織性の向上を求めるケースは少ないようです。

○図でいえば、組織性と専門性の両方をバランスよく高め、将来的には現場の管理職をめざして育ってほしいと期待する人材を総合職群というコースで処遇します。また、業務独占資格等の専門性を一層強化し、より高い専門性でサービスや組織への貢献を期待する人材を専門職群というコース処遇する。そして、前節で述べたいわゆる「フロー人材」を処遇する職群として一般職群というコースを用意します。

○担当する仕事や職種だけの基準では総合職群と一般職群との区分が曖昧になり

ますので、明確な基準を設定することが大切です。具体的には、一定の専門性が認められるかどうか、例えば、公的資格の有無（有資格者は総合職群、無資格者は一般職群）によって区分し、さらに夜勤等の勤務シフトへの対応の可否、事業種変更等の配置転換への対応の可否等を基準に区分することになります。資格取得などの条件が満たされたとき、あるいは、勤務シフト等への対応ができなくなったとき等には、職群変更を行うという互換性の基準をもつことも必要です。

○前節の図と本節の図とは、縦・横の2軸の内容が違いますが、方向性は連動しています。つまり本節の図において矢印の方向へ進むということは、前節の図においても右上に向かう（＝仕事は難しく重要に、その分年収は多くなる）ということになります。ただし、コースによって処遇のあり方も異なります。こうした考え方の人事管理制度を「複線型人事管理制度」と呼んでいます。

2．「名選手、必ずしも名監督ならず」

○通常、総合職群に格付けされる職員は、一定の経験を積めばおのずとマネジメント能力も身についているものとして、役職登用の対象となるケースが多いものです。しかし、実際には、実務スキルや知識は申し分ないが、マネジメント業務は苦手という職員も存在します。組織の側から見ても、役職につけるより実務面で後輩のお手本として活躍してもらった方が望ましいと思われる職員がいます。

○こうした職員は、総合職群のなかで「スキルリーダー」として、非役職のまま一定の処遇条件を保障ことが望まれます。指導職として格付ける役職ポストが空いていない場合に、優秀な職員を処遇するということも可能になります。法人本部の役職を目指してもらうというルートもあります。

○このような体系を、職員や求職者に対して、図のようにビジュアルでわかり易く示すことができれば、職員自身が「将来の姿」（キャリア）を構想しやすくなり、定着や入職のモチベーション向上に一役買うことが期待できるでしょう。

第3章 職員のやる気を高める人事管理
7．職群別役割資格等級制度の導入

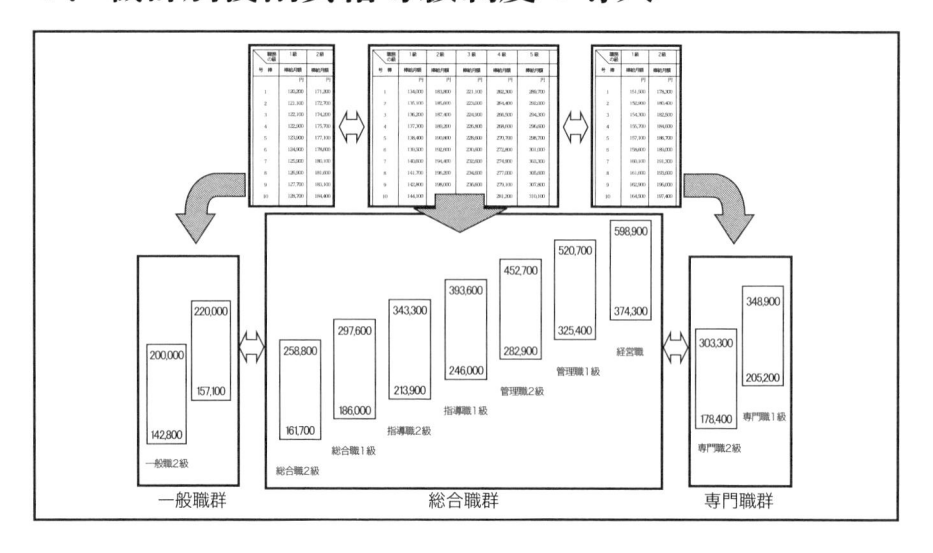

１．従来の等級制度と、これからの等級制度
○公務員準拠の処遇体系においても、職種によって俸給表が異なっており、その意味では「複線型の人事管理」のようにも見えますが、互換性がないこと、基準が不透明である点に着目する必要があります。一般的に俸給表は、１級、２級…という「等級」がありますが、その各級の定義や、級が上がる「昇格」の基準についてはあいまいになっていることが多く、実際には、ほぼ年功的な運用で昇格運用を行っているケースが少なくありません。

○本節で紹介する「職群別役割資格等級制度」は、職群（コース）ごとに等級を設けるまでは共通していますが、さらに具体的に初任格付け基準やその後の昇格運用基準等について明確にし、透明性のある運用を行う仕組みになっています。つまり、職群役割資格等級ごとに、その役割や責任を明確にし、昇格についても具体的な基準を設け、それを厳格に適用することを原則とします。また、昇格運用については、後述する人事考課制度の評価結果が重要な基準になります。

○総合職群の上位等級である指導職や管理職、経営職の資格等級は、例えば、

指導職2級は副主任、指導職1級は主任、管理職2級が課長、管理職1級が副施設長、そして経営職が施設長というように、役職と等級をタイト（厳格な）関係で運用することを原則としており、年功的な処遇の弊害を排除し、職務職責という役割に応じた公正な処遇の実現をめざします。

2．給料は号俸の概念のない範囲給へ

○さらに、この制度では、一般的な俸給表で設定されている号俸ごとの給与額を明示するという給与テーブルをもたず、役割資格等級別に下限額と上限額を設定するという「範囲給」の仕組みをとるのが通例です。これまでの俸給表では、例えば、1級の1号俸は134,000円、次年度の定期昇給が4号俸改定であれば、1級の5号俸となり138,400円、3号俸改定であれば1級の4号俸で137,300円というように昇給金額が固定することになります。範囲給の制度では、このような固定的な運用ではなく、昇給は別の基準によって下限額から上限額までの幅のなかで行うことになります。

○昇給管理において号俸の概念がなくなる最大のメリットは、よりきめ細やかな昇給運用が可能となることです。公務員の俸給表も平成17年度の人事院勧告でそれまでの1号俸が4分割されたことにより、幾分柔軟性が生まれましたが、それでも最終的には俸給表上のどこかの額にあてはめなければならず、その点において相変わらず「俸給表の都合」で昇給額が決することになります。

○範囲給の仕組みでは、極論すれば1人につき100円でも昇給原資があれば、定期昇給を行うことが可能になります。人事考課結果によって査定運用を行うにしても、より柔軟に、きめ細かに対応することが可能となります。その結果、経営者としては支給可能な限度いっぱいまで昇給を行うことができ、また、職員としては受給可能な限度いっぱいまで昇給できる、ということになるわけです。

○ただし、自由度が高いということは、その分運用にしっかりとしたルールが必要になります。次節では、その「運用のルール」について解説します。

第3章 職員のやる気を高める人事管理
8．納得性・透明性のある昇給の仕組みづくり

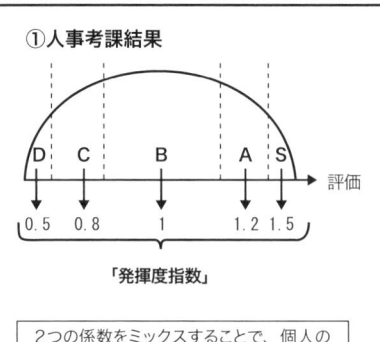

①人事考課結果

D　C　B　A　S　評価
0.5　0.8　1　1.2　1.5
「発揮度指数」

2つの係数をミックスすることで、個人の状況を基準昇給額の増減に反映させる

例：3年めでAの職員の場合
　（1.4＋1.2）／2＝1.3
　基準昇給率2％のとき、この職員は
　2×1.3＝2.6％昇給する。

②等級在籍年数（年功部分）

現等級滞留年数	経過年数	習熟指数
0年〜1年	1	1.0
1年〜2年	2	1.2
2年〜3年	3	1.4
3年〜4年	4	1.2
4年〜5年	5	1.0
5年〜6年	6	0.8
6年〜7年	7	0.6
7年〜8年	8	0.4
8年〜9年	9	0.2
9年以上	10	0

経過年数は、昇格すれば1にリセットされる。（習熟指数が1に戻る）

1．「俸給表の都合」ではなく、「事業実績や世間水準」に基づく昇給

○従来の俸給表を用いた定期昇給管理は、1号俸にしろ、4分割後の4号俸にしろ、制度で規定された「次の号俸」まで昇給し、新たな処遇を受けるというのが原則であり、決められた定期昇給を行わなければ就業規則違反になります。一方、号俸という概念のない範囲給の仕組みにおいては、年度ごとに決定する「基準昇給率（額）」と一人ひとりの職員がもっている「昇給係数」によって個人別の昇給額を決定します。年度の「基準昇給率（額）」は、事業実績や民間企業等における給与改定の実績（世間水準）を勘案して決定します。どのくらい昇給できるのか、どのくらい昇給しなければならないのかという「基準昇給率（額）」は、一定のガイドラインに基づいて毎年法人が方針として決定することになります。

○つまり、法人としては、事業収支の状況や人材市場の状況を勘案しながら範囲給のなかで柔軟に昇給管理を行うことができるというメリットがあり、俸給表が優先する制度と比較すると大きな違いがあります。例えば、人件費総額が2億4,000万円の法人で、昇給原資として480万円が確保できた場合、これは総額の2％にあたるということになり、職員の基準昇給率は2％までは設定することが可能にな

ります（実際には、世間水準を考慮して決定します）。また、この法人の職員数が100人であり、賞与を年間4ヶ月と想定した場合、4,800,000／｛100人×（12＋4）月｝＝3,000となることから、1人当たりの基準昇給額を3,000円とする、という方法もあります。いずれにせよ、経営努力の結果としてどれだけ昇給原資が確保できるかということを見通しながら決定できるようになります。

○実際の昇給運用にあたっては、仮に2％の「基準昇給率」であっても、さらに配分をきめ細かく行い、人材の確保や若手の定着等に配慮し、例えば「1％＋1,500円」というような「基準昇給率（額）」で昇給を行うという方式や役割資格等級別に「基準昇給額」を決定するという方法がとられます。

○こうしたきめ細かい昇給管理を行うことは、俸給表による給与改定（定期昇給）に満たない昇給原資であった場合でも、一定程度の昇給が可能となり、職員にとっても大きなインセンティブとなるものです。

2．「経験の基づく習熟度」と「実際に貢献度」の両面で

○「基準昇給率（額）」に基づく個別の昇給管理は、「昇給係数」によって行います。昇給係数は、「習熟指数」と「発揮度指数」によって導き出される個人別の係数で、「習熟指数」は役割資格等級の滞留年数に基づいて設定し、「発揮度指数」は人事考課の評価結果に基づいて設定します。個々の職員の経験年数に基づく職務遂行能力の習熟度合を習熟指数とし、実際の貢献度合を発揮度指数として設定し、この基準に基づいて個別の昇給管理を行います。

○図ではその一例を示していますが、経験に基づく習熟度（習熟指数）と貢献度に基づく発揮度（発揮度指数）という2つの要素を用いることで、年功制の良いところは生かしつつ、「頑張れば報われる」という成果志向にも応える仕組みを実現しています。実際の運用においては、職員のモチベーション向上にもっとも効果的なあり方を模索して、「指数のメリハリを大きくする」「習熟のピークを早くする」「両指数のウエイトを変える」など、さまざまな工夫がなされています。

第3章 職員のやる気を高める人事管理
9．諸手当の適正化をどうすすめるか

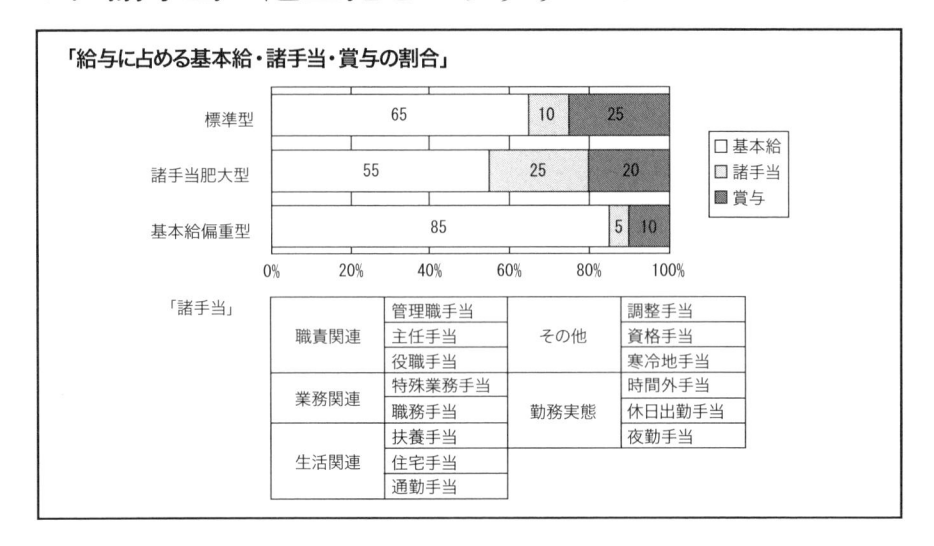

「給与に占める基本給・諸手当・賞与の割合」

型	基本給	諸手当	賞与
標準型	65	10	25
諸手当肥大型	55	25	20
基本給偏重型	85	5	10

「諸手当」

分類	手当	分類	手当
職責関連	管理職手当	その他	調整手当
	主任手当		資格手当
	役職手当		寒冷地手当
業務関連	特殊業務手当	勤務実態	時間外手当
	職務手当		休日出勤手当
生活関連	扶養手当		夜勤手当
	住宅手当		
	通勤手当		

1．「基本給」「諸手当」「賞与」のウエイト

○人件費総額の再配分を、ここでは給与の構成比のバランスから考えてみます。給与を大きく「基本給」「諸手当」「賞与（期末勤勉手当）」の３つに分けたとき、各法人施設では、それぞれどのようなウエイトになっているでしょうか。

○「名目は何であれ、お金はお金」かも知れませんが、やはり「基本給」は生活を支えるという点で特別な存在です。したがって、ある程度のウエイトを保ち、また定期昇給を大原則とすることが望まれます。図の帯グラフのいちばん上、「標準型」としたウエイトに近い数値が文字どおり標準的な構成比と言ってよいでしょう。

○人件費総額を一定比率で保ちながら定期昇給をコンスタントに行うためには、人材のローテーション（定年もしくはベテラン等の高額給与者が退職し、代わりに若手を採用する）によって生じた差額を昇給原資に用いるか、でなければ事業収入を拡大するしかありません。人員構成上人材のローテーションが一定期間起きないないとか、あるいは報酬単価や制度変更等で収入が減少したような場合でも、日本の雇用慣行のなかでは定期昇給を守りたいものです。

○そのための調整要素は、やはり賞与（期末勤勉手当）しかありません。本来固定費である人件費を、ある程度変動費化できる貴重な要素が賞与であると言ってよいでしょう。給与規程等で年2回の賞与の支給月数を明記してある法人施設では、その部分だけでも経営状況を勘案して支給月数を決められるよう、適切な手順で規程を変更しておくことが望まれます。そうでなければ変動費化できる要素がまったくなくなってしまいます。

○ただし、毎年賞与を削って昇給原資に回していると、図の下段に示したように「基本給偏重型」となってしまい、身動きが取れなくなってしまいます。また中段の「諸手当肥大型」は、社会福祉法人の場合、基本給が抑えられているというより、相対的に手当が厚過ぎる場合が多いようです。思い切って一定部分を基本給に繰り入れるという発想が必要になります。

2．諸手当の内容は、合理性と納得性を基本に

○次に「諸手当」の内訳について考えます。職員の不満の種になりやすいのが、「役職手当」（＝責任の重さの割に安すぎるという本人の不満や、一部役職が高すぎるという周囲の不満）や「業務手当」（＝業務の負荷と手当の額に納得性が乏しい。誰もが自分の業務がきついと思っている）、そして「夜勤手当」（きつい割に安い）などに集約されます。合理性と納得性が大切になります。

○「生活関連手当」については、民間企業でも廃止の動きがあることから、見直しを検討するところも多いようです。しかし、本俸水準が高ければ問題はありませんが、世帯形成に対応した処遇体系になっていない場合には一概に廃止が合理的であるとはいえません。

○また、扶養手当にしろ住宅手当にしろ、実際の構成比もそれほど多いものではなく、廃止することによる財務的なプラスより、廃止されたことによる職員のモチベーションダウンのほうが大きいと予測されるケースが多いようです。まずは、賞与算定基礎額から除外するというような段階的な措置が必要です。

第3章 職員のやる気を高める人事管理

10. やる気と能力開発を促進する人事考課

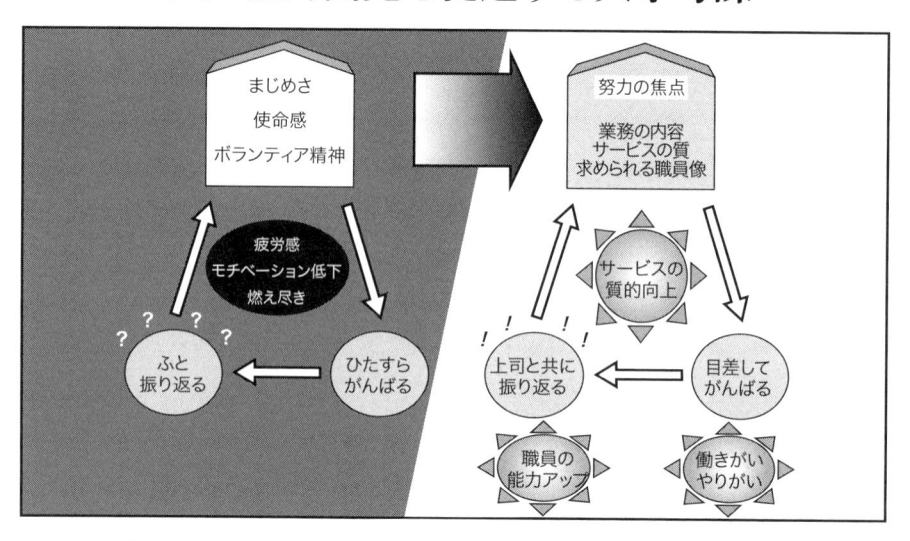

１．真面目な職員の落とし穴

○「福祉の仕事に人事考課制度は向かない」という意見があります。確かに、仕事の成果が数字で現れる営業職などと比較すれば、仕事の成果や質の良し悪しを判定しにくいという側面がありますが、それは判定がしにくいというだけで、「良し悪しがない」「どのように取り組んでも一緒」というわけでは決してありません。

○これを放置している状態が図の左側です。福祉職場の職員の多くは、確かに真面目であり、使命感を持ってこの職業を選択しています。良し悪しの評価やそのフィードバックがなくてもご利用者サービスに献身的に努力し、頑張っています。しかし、自分の仕事を振り返ったとき、目に見える成果を実感しにくいのが、この仕事の特徴でもあります。ご利用者の状況によっては、いくら頑張っても、ご利用者の様子はまったく変化がない、というケースも往々にしてあり得ます。

○しかし、こうした頑張りは、いつまでも続くものではありません。また、具体的な「努力の焦点」（目標）を明確にし、それに向かって努力し、成果をあげていくことが、これからのご利用者サービスには求められてきます。ただひたすらに頑張る

ことだけを求めていたのでは、いつしか疲労感も蓄積し、モチベーションを低下させる要因ともなります。「燃え尽き症候群」を未然に防止するためにも改善施策を講じなければなりません。

2．人事考課制度の正しい姿とねらい

○人事考課は、組織が期待する「あるべき姿」（「努力の焦点」）を明確にし、そこに向かって努力するプロセスや成果を評価し、フィードバックするものです。図の右側で示したように、取り組むべき業務の範囲や内容、サービスの質、必要な能力や取り組み姿勢など「求められる職員像」といった基準を明確にし、これを目指して頑張り、節目節目（考課の時期）に振り返りを行うことによって、働きがいややりがいが感じられ、能力開発にも役立ち、ご利用者サービスの質の向上や効率性の確保にもつながってきます。

○評価や振り返りは、もちろん本人が行うことも必要ですが、上司とともに行うことによって、関係性のなかでの「承認欲求」の充足にもつながることになります。「あなたの仕事振りや成果は、素晴らしいものでした」と評価されれば、間違いなく次への意欲がわいてきますし、仮に基準に満たないレベルであったとしても、基準に照らして改善点の指摘を受ければ納得することができますし、改善課題や能力開発の課題も明確になります。

○人事考課は、一定の基準（評価基準）に基づいて、一人ひとりの職員の期間中の仕事への取り組みや活動を振り返り、その成果やプロセスを客観的に評価しようとするものです。評価結果を処遇に結び付けるのは、図に示したサイクルをさらに促進するためのインセンティブ（刺激）であり、そのことによって「頑張った人には報いる」という公正処遇が実現することにつながります。

○こうしたことが理解できれば、人事考課とは、上司が独断と偏見で部下をこっそり評価するものという暗いイメージを抱いているような職員にも、実際は決してそういうものではないということが実感できるでしょう。

第3章 職員のやる気を高める人事管理
11. 福祉型の目標管理を導入する

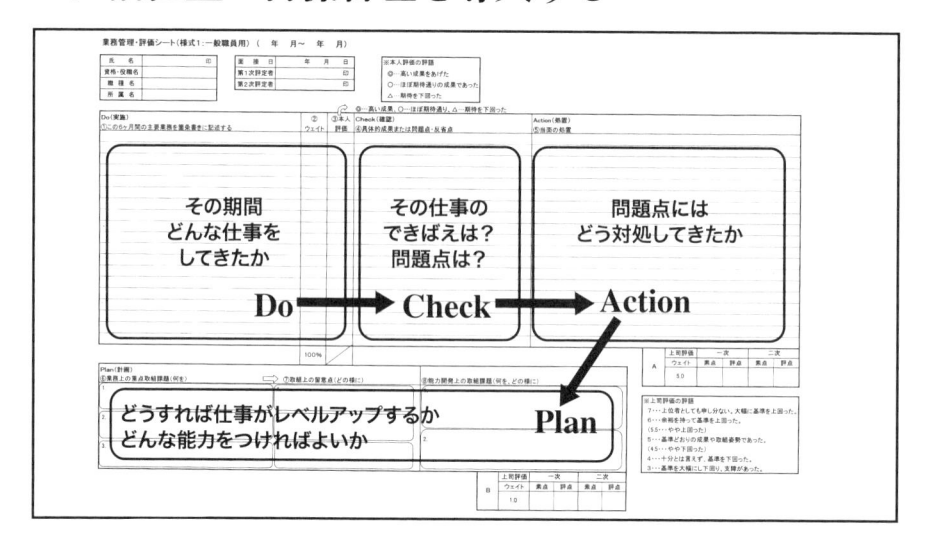

１．業務の自己管理、自己完結

○人事考課表には、いろんな形式がありますが、ここでは「業務管理・評価シート」を紹介しておきます。前項でいう「振り返り」のタイミングで活用するもので、上司・部下の間で一定期間中の仕事の成果や取り組み姿勢文書にして共有化するためのツールです。

○仕事は、「PDCA（Plan－Do－Check－Action）の管理サークル」で行うことが期待されますが、このシートでは期間中に行った業務を「Do」として整理し、「チェック」（確認）、「アクション」（処置）を考え、そして次期の「プラン」（計画）を立てるという構成になっています。「Do」から始めるため、通称「Do－CAP（ドゥ・キャップ）シート」と呼んでいます。

○シートをこのような設計にしたねらいは、職員が自らの業務をPDCAの視点で自己管理できるようになることです。そのためこのシートは、まず職員自身が考えて記述し、自己評価もしたうえで、上司に提出します。日ごろから、自らの業務をよりレベルアップするということを意識して取り組んでいる職員にとっては、記述はそう

困難なことではありませんが、こうした意識の希薄な職員にとっては少し厄介な作業かも知れません。しかし、こうしたシートで一定期間の仕事を振り返る習慣をつけることは大変大切なことです。また、その記述内容から職員の業務の実態や意識の度合いを推し量ることができるものです。

○もちろん、上司としては、職員の自己申告内容を鵜呑みにするわけにはいきません。提出したシートを熟読し、確認する点、ほめる点、改善を求める点を明確にしたうえで、このシートを媒介に面接を行います。職員とじっくりと話し合うことによって、努力の度合いや仕事の成果に対する認識のギャップの解消に努めなければなりません。上司としての評価を率直にフィードバックし、次の「努力の焦点」を明確化します。

2.「PDCA」と「SDCA」の共存

○このシートで立てた「プラン」は、次期の人事考課において達成できたかどうかを評価することになります。「Do-CAP」のサイクルは、次の期には「PDCA」のサイクルになるという意味で、一般の「目標管理制度」と同様の効果が期待されることになります。民間企業等の業務とは違って、福祉職場の業務は数値化できる目標づくりが難しいということで、このようなシートになっていることをよく理解し、活用することが望まれます。

○業務に関するサイクルと言えば、もう1つ「SDCA (Standard – Do – Check – Action)」というサイクルがあります。業務標準や手順書に基づき、それに則って実行、振り返り、対応策を講ずるというサイクルです。福祉の現場でのサービス実践や業務遂行は、繰り返し行うという内容のものが多いだけに、PDCAのサイクルよりはこのサイクルの方が、馴染み易いのではないでしょうか。

○PDCAとSDCAの両サイクルを意識化してこのシートを活用することが、福祉職場に「目標管理」の発想を定着させることにつながり、職員のモチベーションを高めることにもなります。

第３章 職員のやる気を高める人事管理
12. 人事考課を定着促進の道具として活用する

順位	氏名	評点	①評価	①係数	②評価	②係数	③評価	③係数
1	T.M	265	S	1.2	S	1.25	S	1.2
2	M.N	263						
3	K.S	258	A	1.1	A	1.2		
4	M.T	243						
5	M.I	238					A	1.1
6	H.M	233						
7	T.O	228						
8	H.M	227						
9	S.S	222						
10	N.E	218	B	1.0	B	1.1		
11	E.S	208						
12	M.Y	205						
13	Y.N	204						
14	H.K	203					B	1.0
15	K.K	200						
16	E.R	198						
17	T.A	186	C	0.9	C	1.0		
18	F.Y	172						
19	Y.T	168						
20	R.S	132	D	0.8	D	0.9		

１．人事考課の査定運用の課題

○人事考課の評価結果を賞与や昇給の査定運用に活用する場合には、賞与原資や昇給原資が限られていることもあり、絶対考課の結果を相対化するという作業が必要になります。相対化に当たっては、組織の構成人員を一定の比率で区分し、①優れた成果や取り組みがあった集団、②標準的な成果や取り組みであった集団、③期待レベル以下の成果や取り組みであった集団に分けて正規分布するという手法をとるのが一般的です。

○図は、20人の母集団を想定した例です。上から絶対考課による最終評点の高い順に並んでいます。①は正規分布による相対化の例で、S・A・B・C・Dの評価段階が、それぞれ5％：20％：50％：20％：5％の分布になっています。例えば、賞与の標準支給月数が2ヶ月だとした場合、S評価は係数が1.2なので2.4ヶ月、逆にD評価は係数0.8で支給は1.6ヶ月ということになります。この方法では、基準支給月数より多く支給する職員と少なく支給する職員とが同数になりますので、支給総額の結果は、全員が基準支給月数である場合とほぼ同額になり、予算通りに支給できるというメリットがあります。

○ところが最近では、頑張っている職員が多い中で「C」や「D」といった低い評価を出すのは現実的でないという考えや、マイナスの査定は離職の誘因ともなるという考え方から相対化の方法を工夫する必要性が生まれてきています。実際に、絶対評価では「B」評価を受けた職員が相対化によって「C」になるという相対化の弊害もあります。これでは、人事考課によってかえって職員のモチベーションを低下させてしまうことにもなりかねません。

○直属の上司である一次考課者としても、自分の部下が相対化のプロセスで「C」や「D」にランクされてしまうことを避けようとする心理が働き、意図的に、あるいは無意識のうちに甘い評価をしてしまうという結果にもなってしまいます。相対化に当たって、こうした問題をどう解決していくかは、今後の大きな課題であると言ってよいでしょう。

２．加点主義を基本においた相対化

○先進的な法人においては、こうした問題についてもいろいろな工夫が行われています。基本的な考え方としては、「加点主義」の発想で相対化を行うというものです。

○図の②は、その一例で、図①と同じ比率で相対化を行いますが、基準支給月数となる係数「1」を、B評価ではなくC評価に置いている点が特徴です。「評価はCとなりましたが、あなたの今後を期待し、支給月数は基準通りとしました」とフィードバックすることになります。もちろん、この場合は、基準支給月数の決定にあたってB評価が「1」である場合と比べて、支給原資が多くならないための調整が必要になります。

○図の③は、さらに「加点主義」の発想を進化させたものです。相対化のプロセスではC評価を作らず、全体の60％をB評価とし、最上位10％をS評価、続く30％をA評価とするものです。図では表記していませんが、この場合でも実際にはC評価を出すことがあります。ただしその評価は、明らかに低い評価にならざるを得ない事実のある職員に限定するということになります。

第4章 「リスク回避型」労務管理の推進

●昨今、労働トラブルが増加する傾向にあります。その背景にはいろいろありますが、人材市場の動向や働く人々の意識の変化があり、また、労働法制面での新たな規制や施策推進が影響しています。

●労働関係はもともと「使用者が強者で、労働者が弱者」という構図のなかで考えるのが一般的でしたが、いったん労働トラブルが起こると、使用者（経営者）も多くのリスクをかかえることになってしまいます。また、労働トラブルが発生すると、事業の社会的評価、職場風土や他の職員のモラール、モチベーションにも大きな影響を及ぼし兼ねません。

●経営としては、こうした事態を引き起こすことのないよう、労働トラブルを未然に防ぎ、職員が安心して働ける、安定した労働環境の整備・改善に努めなければなりません。

●本章では、福祉人材マネジメントの一環として、「リスク回避型の労務管理」の視点で、法人施設が取り組まなければならない課題を検討します。

第4章 「リスク回避型」労務管理の推進
1. 法令順守は労務管理の基本

```
法令＞労働協約＞就業規則＞労働契約の優先順位

法令       労働基準法、労働安全衛生法、最低賃金法
 ↓        などの強行法規

労働協約    労働組合がある場合
 ↓

就業規則    労働基準法第92条
 ↓        労働契約法第13条

労働契約    労働契約法第12条
```

1．増加する労働トラブル

○厚生労働省の資料によると、平成19年度の総合労働相談件数は997,237件（前年比5.4％増）、民事上の個別労働紛争（個々の労働者と事業主との間の紛争）相談件数は197,904件（5.6％増）となり、毎年増加しています。この傾向は民間企業だけに言えることではなく、福祉職場でも同様ではないでしょうか。例えば、介護報酬の引き下げによって事業収支が悪化し、給料を下げた、職員数を減らした、そのために長時間労働になってしまった、時間外労働手当が法令通り支払われていない、年次有給休暇や休憩時間が取れない、といった話をよく聞きます。その結果、実際に労働トラブルに発展してしまっている事例も見られます。

○職員を雇用し、職場で働いてもらう以上、経営としては、労働関係の法令を順守しなければなりません。経営者や労務管理の担当者が、こうした人事・労務管理に関する法令上の知識が乏しいと、悪意が無くても、法令を無視した対応をしてしまうことがあります。厳しい事業状況になれば、経営者としては、事業継続のために、止むを得ず逸脱した対応をしてしまうこともあるでしょう。しかし、労働関係の法令は、罰則付も多く、法令違反は、経営の命取りにもなり兼ねません。

2．経営者が守るべき法令等の優先順位

○労働条件に関して、経営者が守らなければならない代表的な法律として労働基準法、労働安全衛生法、最低賃金法などがあります。これらの法律は、労働条件に関する最低基準を定めているものであり、違反すれば、過料制裁の罰則が適用されます。

○近年、法改正や新たに制定された労働関係の法令も多く、重要なものとしては、男女雇用機会均等法、高年齢者等雇用安定法、パートタイム労働法などがあります。これらの法律は、すでに施行されておりますので、就業規則の改定等の対応をとらなければなりません。また、労働契約上のトラブル増加を背景に、平成20年3月に労働契約法が施行になりました。わずか19条の小さな法律としてのスタートとなりましたが、法令の主旨が今後さらに徹底されていくことは間違いありません。

○労働条件の決定にあたって守るべき法規範の優先順位は、「法令＞労働協約＞就業規則＞労働契約」となっています。それぞれ上位の規範に反するものについてはその部分が無効となり、当該部分は上位の規範が定める基準によるものとされます。例えば、労働契約を結ぶ際に「住宅手当は月額8,000円」で合意したとしても、その職員に適用される就業規則に「住宅手当10,000円」と記載されていれば10,000円を支払わなければなりません。また、就業規則に「有給休暇は年間5日」という記載があっても、労働基準法では「6ヶ月勤務して出勤率が8割以上の労働者には10日以上付与しなければならない」となっており、法令通りに付与しなければなりません。

○これらの基本原則を理解しながら、守るべきさまざまな法律を順守することが、経営者としての責務であり、無用な労働トラブルの回避にもつながります。

第4章 「リスク回避型」労務管理の推進
2. 就業規則を積極的に活用する

> ### 就業規則の役割
> （1）労働条件を定める
> （2）職場のルール（服務規律）を定める
>
> ### 就業規則を作成（変更）するポイント
> （1）労働基準法上の必要事項がもれなく記載されているか
> （2）最新の法律に適合しているか
> 　　　―法改正された内容になっているか
> （3）事業所の実情や経営者の考え方が反映されているか
> （4）労務リスクに対応した規定が盛り込まれているか

1．就業規則で法人施設を守る
○学校や教師に対して、自己中心的で理不尽な要求を繰り返す保護者のことを「モンスターペアレント」と言っています。「放課後の子どもの喧嘩は学校の責任だ」「休んだ日の給食費は返してもらいたい」等、これまでの常識では考えられなかったようなクレームや要求を突きつけてくる親のことです。このような非常識な親の対応に手間隙をとられ、教育にも支障をきたすので、弁護士を雇って組織防衛するという学校もあると聞きます。ひどい時代になったものですが、職場ではどうでしょう。

○介護や福祉の職場で働く職員は、使命感も旺盛であり、真面目な職員が多いのは事実です。しかし、中には問題を引き起こす職員もいます。ご利用者とのトラブルや不祥事、職員同士の人間関係上のトラブル、経営や上司に対する理不尽な要求、意図的あるいは無意識的なサボタージュ等、問題を起こす職員はごく一部かもしれませんが、現実に発生した場合には大きな問題になってしまうことがあります。

○ご利用者とのトラブルや不祥事は、地域社会における法人施設の評価に決定的な影響を与えることになりますし、職員同士の問題は、職場風土や職場秩序を乱

す原因となります。いろんな価値観や考え方をもつ人々が集まって一つの職場を構成していますと、そこには労務上のリスクが必ず潜んでいるものです。第一義的には、そうしたリスクをできるだけ回避すること、そして第二に、仮にリスクが発生した場合には、そのリスクに迅速、的確に対応できる仕組みや施策を予め準備しておくことが大切です。

○就業規則は、労働条件を規定するとともに、就労にあたって職員が守らなければならない規範や服務規律を規定するものです。決して役所用に作成しているだけの書類（規程）ではありませんし、職員に開示することなく書棚にしまっておいていいものでもありません。経営者は、むしろこれを積極的に活用するという姿勢がこれからは必要です。

2．就業規則の作成ポイント

○現在の就業規則は、誰がどのように作成したのか、をお尋ねすると、他の法人の就業規則や「モデル就業規則」をそのまま使っていますという答えが返ってくることがあります。実は、こういう就業規則にはいろいろな意味で問題が潜んでいることが多いものです。参考にした就業規則の作成時期が古いものであれば、今日的な労務リスク、例えばセクハラ、パワハラ、いじめ、うつ病、過重労働、サービス残業、名ばかり管理職等、といったことにほとんど対応できていないとか、組織の実力以上に職員に有利な労働条件になっていたりすることも少なくありません。

○やはり、それぞれの組織の実情に見合った内容で作成しないと、後で悔やむことになります。最近では労働トラブルの増加を背景に、労務リスク回避型の就業規則を作るところが多くなっています。見直しに当たっては、次のようなポイントを押さえておくことが大切です。
・労働基準法で定められた必要事項がもれなく記載されているか
・最新の法律に適合しているか（法改正された内容になっているか）
・事業所の実情や経営者の考え方がきちんと反映されているか
・労務リスクに対応した規定が盛り込まれているか

第4章 「リスク回避型」労務管理の推進

3. 長時間労働を防止する

長時間労働防止のための対策

業務の繁閑に合わせた労働時間制度を導入する
　— 時間外労働の適正かつ統一した手続きを運用
業務の量や質を改善する
　—「ムダ・ムリ・ムラ」を改善
職場風土を改革する
　— 効果的な休暇制度と効率的な業務内容の推奨

---

1. 長時間労働の問題点

○時間外労働が増えれば増えるほど、人件費が上がり経営コストも増加します。現在の労働基準法では、法定労働時間を超過した残業代は、通常2割5分以上の割増しになります。この割増率は、法改正によって平成22年4月から月60時間を超える部分について「5割以上」と改正されます。今後もますます割増率は厳しくなる方向で検討が進むでしょう。

○長時間労働による健康障害（脳・心臓疾患や精神障害等）が増えています。厚生労働省の調査でも、脳・心臓疾患や精神疾患にかかり、過労死や過労自殺で労災認定されるケースが年々増加しており、同時に民事の損害賠償請求訴訟も行われることが多くなっています。損害賠償請求をされるのは、企業の安全配慮義務が問われているためで、昨今では非常に多額の損害賠償金の支払い命令がでています。

○時間外・休日労働については、割増賃金を支払わなければ労働基準法違反になります。しかし割増し賃金を支払っていない企業は後をたたず、毎年多くの企業が

労働基準監督署により是正勧告・指導を受けています。こうなると予想もしなかった多額の出費が必要とするだけでなく、企業イメージが大きく損なわれてしまいます。

2．長時間労働防止のための対策
○長時間労働を防止するための対策としては、①業務の繁閑に合わせた労働時間制度を導入する、②業務の量や質を改善する、③職場風土を改革するなどの取り組みが必要になります。

○労働時間制度には、変形労働時間制、裁量労働制やフレックスタイム制などのさまざまな制度があります。多くの法人施設では、変形労働時間制が採用されているようですが、現場の実情にあっているかどうかチェックする必要があります。それには、労働時間管理をきちんと実施するところから始める必要があります。規定上は事前承認制となっている時間外労働について、適正に運用されていないところも多いのではないでしょうか。上司によって取り扱いが異なるとか、申請しづらい職場風土があるために「サービス残業」になってしまう、といった事例はよく耳にするところです。適正な運用が行われるよう統一した手続きや運用のルールを規定化し、確実に実行する必要があります。

○配置された人員に対して業務量が多すぎると時間外労働が発生します。これに対しては業務量の適正化を図ることになりますが、合わせて業務の質を改善する視点が必要になります。業務の標準化やスキルアップなどで業務のすすめ方を見直し、「ムダ・ムラ・ムリ」の改善を合わせて行なっていかなければなりません。

○経営者や労働者に長時間労働をよしとする意識があったのではなかなか職場風土の改革は進みません。職場での具体的な取り組みとして、代休・振替休日制度で休日出勤を減らす、年次有給休暇の計画的付与制度や記念日休暇・リフレッシュ休暇を設ける、などの取組みもあります。「残業する職員はよく働く」という意識を一掃し、「効率的に働く」という意識の醸成が必要になってきます。

第4章 「リスク回避型」労務管理の推進
4．賃金不払い（サービス）残業を解消する

> **「賃金不払残業の解消を図るために
> 　　　講ずべき措置等に関する指針」（厚生労働省）**
>
> 【労使が取り組むべき事項】
> 　（1）「労働時間適正把握基準」の遵守
> 　（2）職場風土の改革
> 　（3）適正に労働時間の管理を行うためのシステムの整備
> 　　　①適正に労働時間の管理を行うためのシステムの確立
> 　　　②労働時間の管理のための制度等の見直しの検討
> 　　　③賃金不払残業の是正という観点を考慮した人事考課の実施
> 　（4）労働時間を適正に把握するための責任体制の明確化
> 　　　とチェック体制の整備

1．後を絶たない賃金不払い残業

○厚生労働省の調べによると、平成19年度において残業代を支払っていないとして労働基準監督署の是正指導を受け100万円以上の支払いを行った企業数は、前年度比3％増の1,728社と過去最多となりました。未払い残業代の総額も前年度比約20％増の272億4,261万円、対象労働者は179,543人となり、企業1社当たり約1,577万円、労働者1人当たり約15万円でした。ちなみに支払額が最高だったのは、関西の家電量販店で30億2,279万円でした。

○賃金不払い残業は、ただ単に残業代を支払わないだけという単純なケースばかりではありません。上記の家電量販店のケースでも、始めは1店舗での残業代未払いから労働基準法違反として是正勧告を受け、全店舗の社員・パート社員の3ヶ月分の勤務記録の調査から、実際の勤務実態とはかなり食い違っていたことがわかり、結局退職者を含めて約3,900人の未払い残業代が、賃金債権の残る2年間分の支払いになったために総額が膨らんでしまいました。

○この中には、もうひとつの問題がありました。時間外・休日労働の適用除外であ

るはずの「管理職」に対して、某外食産業で有名となった「名ばかり管理職」の指摘があり、本来残業代は支払わなくてよかった筈だったのに結局支払わなければならなくなりました。これらの「管理職」に対しての残業代支払額が、15億5,400万円にのぼってしまい、これが総額を膨大にしてしまった理由です。しかも、未払い残業代は支払えばおしまいと言うわけではありません。将来に向かって是正し、しっかりとした対策を立てることが求められます。

○社会福祉法人でも、平成15年に賃金不払残業による労働基準法違反で、法人の理事長が逮捕されています。この事例は、労働基準監督署の是正勧告にもかかわらず、まったく改善することなく相変わらず賃金不払いを続けていたために家宅捜索が行われました。タイムカードやパソコンデータを改ざんしたり、残業時間の申告をしないよう職員に圧力を掛けていたことが分かったため、労働基準監督署の是正勧告に従わないかなり悪質なケースとして取り扱われたものです。賃金不払い残業も悪かったのですが、何より労働基準監督署の是正勧告を非常に甘く見ていたところに問題がありました。

2．賃金不払残業を解消するための対策
○労働基準監督署の是正勧告・指導は賃金不払い残業だけとは限りませんが、是正勧告を受けてしまったらどう対応するのか、そもそも是正勧告を受けないように適切に労務管理するにはどうしたらよいのかきちんと対策を立てておかなければなりません。

○残業をさせた（指示をしなくても黙示の合意があればさせたことになる）にも関わらず、残業代を払わないというのは、労働基準法違反になります。こうした不払い残業を解消するためには、もちろん法令に準拠した対応を行うことですが、基本的には時間外労働を減らす努力が必要になります。労働時間の管理をしっかり行い、業務の効率化をすすめ、ダラダラ残業を行わないという職場風土を醸成することが大切です。時間外労働の指示命令（申請・許可）のルールを明確にし、上司・職員間で共有化することも必要です。

第4章 「リスク回避型」労務管理の推進

5．就業規則の不利益変更は慎重に対応する

> **労働契約内容の変更**
> ―労働者と使用者が合意すれば労働契約を変更できる
>   （労働契約法第8条）
>
> **事業所に就業規則がある場合の労働条件の変更**
> ―使用者が一方的に就業規則を変更しても、労働者の不利益に
>   労働条件を変更することはできない（労働契約法第9条）
> ―使用者が、就業規則の変更によって労働条件を変更する場合には、
>   次のことが必要である（労働契約法第10条）
> ①その変更が、以下の事情などに照らして合理的であること
>   ・労働者の受ける不利益の程度
>   ・労働条件の変更の必要性
>   ・変更後の就業規則の内容の相当性
>   ・労働組合等との交渉の状況
> ②労働者に変更後の就業規則を周知させること

1．ハードルが高い労働条件の不利益変更

○最近では、法人施設の経営者から「経営状況が悪いので職員給与をカットしたいのですが・・・」という相談を受けることがあります。もちろん事情がよく分からない中では「できる」とも、「できない」とも言えませんが、深刻な経営状況に対応するための選択肢の一つとして考えられてのことです。職員の労働条件の不利益変更は、職員のモラール（やる気）が確実に落ちますのでやりたくないことですが、経営状態をそのまま放置しておくわけにもいきません。

○ほとんどの法人施設では就業規則で労働条件を定めています。この場合、一定の手続きを経れば、個々の職員の合意を得なくとも就業規則を変更することができます。しかし、それが労働条件の不利益変更である場合は、そう簡単ではありません。

○平成20年3月施行の労働契約法では、これに関する条文が新たに加えられました。この条文は、従来までに確立した最高裁の判例法理に沿って規定されたものですが、主旨は次の通りです。

「労働者と合意すれば労働条件を変更することができる。しかし、労働者と合意をせずに就業規則を一方的に不利益に変更することは原則としてできない。ただし、その不利益変更が合理的なものである場合には、労働条件は変更後の就業規則に定めるところによるものとする」

○そして、変更後の就業規則を労働者に周知することを前提に、その不利益変更が合理的なものであるかどうかの判断は、以下の内容を総合的に考慮する、となっています。
① 労働者が受ける不利益の程度
② 労働条件の変更の必要性
③ 変更後の就業規則の内容の相当性
④ 労働組合等との交渉の状況
⑤ その他就業規則の変更に係る事情

２．賃金に関する不利益変更
○経営者にとっては、頭の痛い問題です。個々のケースによって不利益の内容に違いがあるし、結局上記の内容だけではよくわからず過去の裁判例と照らし合わせながら判断していかないといけません。いずれにせよ、労働条件の不利益変更は、法的には大変ハードルが高いと考えて間違いありません。特に、賃金や退職金など労働者にとって重要な労働条件に関する不利益変更は、通常の「必要性」よりもさらに高く、「高度の必要性」が要求されており、より慎重な対応が求められています。

○賃金などの労働条件は、衛生要因と言われ、条件が下がると不満になる要因と言われています。一方的に労働条件の不利益変更を行うと職員との信頼関係が大きく損なわれてしまいます。不利益変更はないにこしたことがありませんが、どうしても必要であれば、合意と納得の精神できちんとした手続きをとりながら進めていくことが大切です。

第4章 「リスク回避型」労務管理の推進

6. 職場のメンタルヘルスケアを確立する

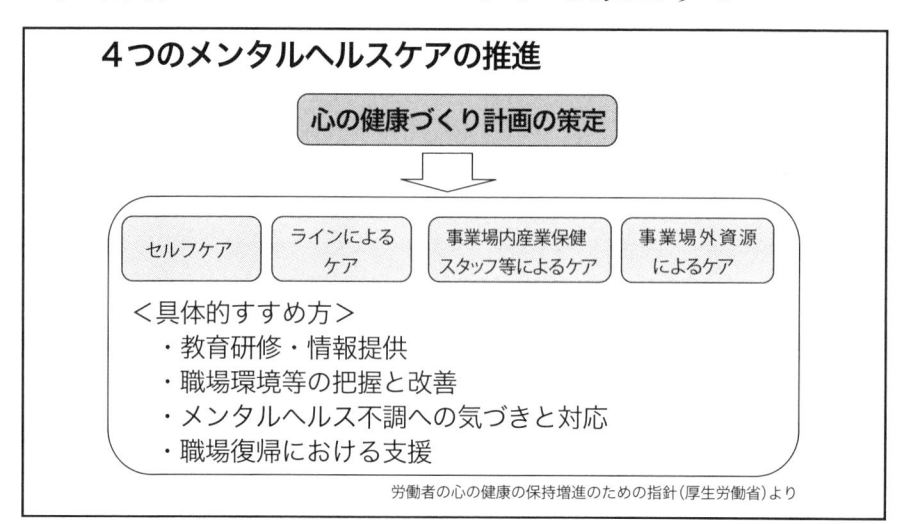

```
4つのメンタルヘルスケアの推進

        心の健康づくり計画の策定
                 ↓
┌──────────┬──────────┬──────────────┬──────────────┐
│ セルフ   │ラインによる│ 事業場内産業保健 │ 事業場外資源 │
│ ケア     │ ケア      │ スタッフ等によるケア│ によるケア   │
└──────────┴──────────┴──────────────┴──────────────┘

<具体的すすめ方>
 ・教育研修・情報提供
 ・職場環境等の把握と改善
 ・メンタルヘルス不調への気づきと対応
 ・職場復帰における支援

          労働者の心の健康の保持増進のための指針(厚生労働省)より
```

1．増加する心の健康障害

○うつ病などの精神疾患により休職する労働者は増加傾向にあり、精神障害等の労災認定件数も増えています。それにともなって、休職や復職、退職に関する労働トラブルも生じています。労働者の心の健康対策（メンタルヘルスケア）とともに職場の労務管理対策も合わせて重要になっています。

○厚生労働省の「平成19年　労働者健康状況調査結果の概況」によると、「自分の仕事や職業生活に関して強い不安、悩み、ストレスがある」とする労働者の割合は58.0%であり、メンタルヘルス上の理由により連続1ヶ月以上休業又は退職した労働者がいる事業所の割合は7.6%となっています。

○また、精神障害による労災認定件数（厚生労働省「平成19年度　脳・心臓疾患及び精神障害等に係る労災補償状況」）も平成19年は268人（前年205人）と前年比で30%も増加しており、各職場におけるメンタルヘルス対策は重要な課題になっています。しかし、「心の健康対策に取り組んでいない」事業所は66.4%（前述）にのぼり、その理由としては「専門スタッフがいない」44.3%、次いで「取り組み方

が分からない」42.2％となっており、多くの職場では取り組みが十分でない状況にあります。

２．「労働者の心の健康の保持増進のための指針」（厚生労働省）
○厚生労働省では、労働者のメンタルヘルス対策を推進するために平成18年3月に「労働者の心の健康の保持増進のための指針」を策定しました。事業者として、以下の4つのケアを継続的かつ計画的に実施することが基本になっています。
①　セルフケア：メンタルヘルスについての正しい知識やストレスへの対処法等についての労働者・管理監督者への教育を行う。
②　ラインによるケア：日頃の職場環境等について管理監督者による把握と改善、また労働者からの相談に対応する。
③　事業場内産業保健スタッフ等によるケア：産業医・衛生管理者・保健師・心の健康づくり専門スタッフ・人事労務担当者は心の健康づくりの中心的役割を果たす。
④　事業場外資源によるケア：メンタルヘルスケア推進のために相談機関等の事業場外資源を活用する。

○メンタルヘルスケアの具体的進め方については、メンタルヘルスケアを推進するための職員への教育、職場環境（作業環境、人間関係、人事労務管理制度）等の把握とその改善、メンタルヘルス不調者の早期発見とその対応体制の整備、職場復帰における支援策などとなります。

○この時に職場の上司や同僚の理解を得ながらも、健康情報を含む職員の個人情報の保護に十分配慮することも忘れてはなりません。

○小規模事業場(労働者数50人未満の事業場)においては、公的な機関として「地域産業保健センター」が全国に約350ヶ所設置されていますので、これらの資源を積極的に活用することも有効な手段です。

第4章 「リスク回避型」労務管理の推進
7．セクシャル・ハラスメントの対応

> **職場におけるセクシャルハラスメント**
>
> 【対価型セクハラ】
> 職場において行われる労働者の意に反する性的な言動に対する労働者の対応（拒否や抵抗等）により、当該労働者が解雇、降格、減給等の不利益を受けること
>
> 【環境型セクハラ】
> 職場において行われる労働者の意に反する性的な言動により労働者の就業環境が不快なものとなったため、能力の発揮に重大な悪影響が生じる等当該労働者が就業する上で看過できない程度の支障が生じること

1．セクシャル・ハラスメントの悪影響

○男女雇用機会均等法では、事業主に対し職場におけるセクシャル・ハラスメント（以下、「セクハラ」という）防止のために雇用管理上必要な措置を義務付けています。セクハラが発生すると、被害者にとっては、職場にいづらくなり退職せざるを得なくなる、精神的なストレスにより能力を発揮できなくなる、等が起こります。職場にとっても、秩序や風紀が乱れ職員のやる気がそがれる、業務の円滑な遂行が妨げられる、場合によっては社会的評価も低下する、などデメリットは計り知れません。

○一般的にセクハラとは、「労働者の意に反する性的な言動が行われ、それを拒絶したことで解雇、降格、減給などの不利益を受けること（対価型）や、性的な言動が行われることで職場の環境が不快なものとなったために、労働者の能力の発揮に大きな悪影響が生じること（環境型）」を言います。

○加害者の法的責任は民事上（人格権の侵害等）及び刑事上（強制わいせつ等）の責任が問われます。また、適切な対応をしなかった場合、組織や職場の上司の責任が問われることも多くなっています。組織の法的責任としては、民事上の責任

ということになりますが、「使用する労働者が職務遂行中に第三者に損害を与えた場合、損害賠償責任が問われる」不法行為責任です。もうひとつが「労働者が働きやすい職場環境を保つように配慮すべき義務」として「職場環境整備（トラブルを予防するための環境を整備する）義務」と「職場環境調整（問題発生後に良好な職場環境となるよう調整する）義務」があり、組織がこれらを怠った場合は債務不履行責任が問われることになります。

２．セクハラ防止対策
○厚生労働省のセクハラ指針では事業主が必ず講じなければならない措置として９項目定めています。そのポイントは以下の通りです。
（１）事業主の方針の明確化及びその周知・啓発
　① 職場におけるセクハラの内容・セクハラがあってはならない旨の方針を明確化し、管理・監督者を含む労働者に周知・啓発すること。
　② セクハラの行為者については、厳正に対処する旨の方針・対処の内容を就業規則等の文書に規定し、管理・監督者を含む労働者に周知・啓発すること。
（２）相談（苦情含む）に応じ、適切に対応するために必要な体制の整備
　③ 相談窓口をあらかじめ定めること。
　④ 相談窓口担当者が、内容や状況に応じ適切に対応できるようにすること。また、広く相談に対応すること。
（３）事後の迅速かつ適切な対応
　⑤ 事実関係を迅速かつ正確に確認すること
　⑥ 事実確認ができた場合は行為者及び被害者に対する措置を適正に行うこと。
　⑦ 再発防止に向けた措置を講ずること。
（４）（１）から（３）までの措置と併せて講ずべき措置
　⑧ 相談者・行為者等のプライバシーを保護するために必要な措置を講じ、周知すること
　⑨ 相談したこと、事実関係の確認に協力したこと等を理由として不利益な取扱いを行ってはならない旨を定め、労働者に周知・啓発すること。

第4章 「リスク回避型」労務管理の推進

8. いじめ・パワーハラスメントの対応

年度別労働相談件数（東京都）

年　度	平成16年度	平成17年度	平成18年度	平成19年度
労働相談総計	44,737件 (△9.0)	48,792件 (9.1)	55,700件 (14.2)	54,669件 (△1.9)
職場のいやがらせ相談件数	4,012件 (40.7)	4,916件 (22.5)	4,277件 (△13.0)	5,258件 (22.9)
セクハラ相談件数	2,009件 (46.7)	2,325件 (15.7)	2,556件 (9.9)	2,723件 (6.5)

（　）は対前年度比

1. パワーハラスメントの現状

○近年、職場でのいじめや嫌がらせが深刻化しています。「平成19年度　労働相談及びあっせんの概要」（東京都産業労働局）によると、実はセクハラより「職場の嫌がらせ」のほうが相談件数は多くなっています。労働相談総計54,669件のうち、「セクハラ」の件数は2,723件であるのに対して、「職場の嫌がらせ」は5,258件とほぼ2倍となっています。セクハラは、法律でセクハラ防止のために雇用管理上必要な措置を事業主に義務付けている（男女雇用機会均等法第21条）のに対し、いじめや嫌がらせに関しては法令上の防止規定は特にありませんが、現実はセクハラ以上に問題となっています。この中でも深刻なのはいわゆる「パワーハラスメント（以下「パワハラ」という）」です。

○パワハラの明確な定義はありませんが、中央労働災害防止協会では「職場において、職権などの力関係を利用して相手の人格や尊厳を侵害する言動を繰り返し行い、精神的な苦痛を与えることにより、その人の働く環境を悪化させたり、あるいは雇用不安を与えること」としています。パワハラは、主に上司が部下に対して行う人格権侵害であり、職場環境に配慮をしなければならない事業主にとっては、

セクハラ同様に民事上の法的責任が問われることになります。事が起これば、ご利用者の人権を尊重することを旨とする社会福祉法人にとって社会的評価のダメージは計り知れません。

○平成19年10月、東京のある製薬会社で「自殺したのは上司の暴言が原因」だとして、妻が国に労災認定を求めた訴訟で東京地裁はその請求を認めました。裁判長は「上司の言葉が過重なストレスとなってうつ病になり、自殺した」と判断しました。パワハラを原因とした自殺を労災と認めた初めての司法判断でした。

２．パワハラ防止対策

○パワハラは、基準がはっきりしないところもあるので厄介です。人前で怒鳴るとか、暴力を振るうのであればまだ分かりやすいですが、部下に成果を上げてもらいたいから叱咤激励するとか、自分の立場を脅かしそうだから仕事の邪魔をする（例えば、仕事を少ししか与えないとか必要な情報を与えないなど）というのはなかなか判断に困ります。被害者側も、メンタルヘルス不全によって、うつ病になって退職や休職に追い込まれ、最悪の場合には自殺ということもありえます。

○職場の中でどういう対策が必要なのかといえば、基本はセクハラ対策と同様です。いじめ・パワハラは絶対に許さないという事業主の姿勢を打ち出す、パワハラ防止ガイドライン等を作成する、相談窓口を設置する、特にパワハラ防止を目的とした管理職研修や職員教育を実施する、就業規則等にパワハラ禁止規定を定め懲戒処分の対象とすることを明確にするなどが必要になってきます。

○セクハラやパワハラに限りませんが、職場での個々の労働者（職員）と事業主との間のトラブルが起これば、その最終的解決手段として裁判制度がありますが、多くの時間と費用がかかります。もっと手軽に利用できる解決方法としては、都道府県労働局における「個別労働紛争の解決援助サービス（無料）」や3回以内の期日で審理し迅速に解決することを目的とした「労働審判制度」があります。今後は、こうした制度を活用していくことも考えておく必要があります。

第4章 「リスク回避型」労務管理の推進

9. 改正パートタイム労働法への対応

改正パートタイム労働法の内容とポイント

1. 労働条件の明示に加え、昇給の有無、退職手当の有無、賞与の有無についての文書交付による明示の義務付け
2. 正社員と同視すべきパートタイム労働者のすべての待遇について差別的取り扱いの禁止、及び待遇（賃金・教育訓練・福利厚生など）取扱いについて均衡処遇
3. 正社員への転換推進措置の義務付け
4. 待遇決定にあたって考慮した事項の説明義務

1．パートタイム労働者の処遇改善

○従来からパートタイム労働者の有効活用が言われており、社会福祉法人によっては全職員の50％を超えるようなところもあります。法人にとってパートタイム労働者は貴重な戦力であり、なくてはならない存在となっています。一方で、事業経営の厳しさから人件費をこれ以上上昇させるわけにもいかず、人件費を抑えるために採用しているという実態もあります。一般的には、働きぶりが適正に評価され処遇されている事例はわりと少なく、社会的にも大きな問題になっています。

○平成20年4月1日に施行された「改正パートタイム労働法」は、法人施設の人事・労務管理に大きな影響を与える内容が多く含まれています。そのポイントはパートタイム労働者の労働条件を改善し、意欲ややりがいを高めることにありますが、主に次の3点と言えます。
① 労働条件の文書交付と待遇の説明義務
② 均衡の取れた待遇の確保
③ 正規職員（通常の労働者）への転換の推進

○パートタイム労働者を雇い入れる際に労働条件を口頭でしか説明しないために、雇い入れ後にトラブルが発生することが少なくありません。労働基準法では労働者を雇い入れる際には一定の労働条件を文書等で明示することを義務付けていますが、改正法ではさらに「昇給の有無、退職手当の有無、賞与の有無」の明示が義務化されました。しかも昇給及び賞与が業績等により支給されない可能性がある場合や、退職手当支給に制限がある場合は、その内容を明示する必要があります（上記①）。違反した場合には過料（10万円以下）が科せられるので注意が必要です。

○最大の注目ポイントは、上記②の「均衡待遇の確保」です。パートタイム労働者でも、正規職員と「職務の内容、人材活用の仕組み、契約期間」が実質同じであれば、待遇の差別的取り扱いが禁止となりました。また、正規職員との違いがあっても、均衡のとれた待遇を確保しなければならなくなりました。つまり、これからはパートタイム労働者と正規職員（通常の労働者）を実質的にも明確に区分して労務管理をする必要が出てきたということになります。

○上記③「通常の労働者への転換の推進」については、本来正規職員として働くことを希望しているにもかかわらずやむをえずパート職員として働いている場合には、正規職員を募集する際には、募集内容を周知したり、応募する機会を与えたりしなければならないということになります。そして、具体的にパート職員から正規職員への転換制度を仕組みとして導入しなければなりません。

2．事業主への支援
○パートタイム労働者の処遇改善を図ると人件費のアップにつながりコストが増える面もありますが、安定的な職場を確保することによって福祉サービスの質の向上を支える人材の確保・定着にとっては、非常に有効な手段と言えます。パートタイム労働者の雇用管理の改善を支援するために、「財団法人21世紀職業財団」では、これらに関する情報提供や相談、「パートタイマー均衡待遇推進等助成金の支給」を行っています。

第4章 「リスク回避型」労務管理の推進
10. 改正高年齢者等雇用安定法への対応

> ### 改正高年齢者等雇用安定法の内容とポイント
>
> 　平成18年4月1日より65歳未満の定年年齢を定めている事業主に対し、次の①から③のいずれかの措置が義務化
> 　① 定年の引き上げ
> 　② 継続雇用制度の導入
> 　③ 定年の定めの廃止
>
> ### 〈通常の社会福祉法人の現実的な対応策〉
> 　① 「継続雇用制度」のうちの再雇用制度とする
> 　② 60歳以降の給与設計方法は次の3点がポイント
> 　　・在職老齢年金の減額をできるだけ抑える
> 　　・高年齢雇用継続給付金（公的補助）をもらう
> 　　・65歳時の退職金制度を新設する

1．高年齢者の活用

○少子高齢社会の到来でこれからの日本の労働力人口はどんどん減少していくことが予測されています。一方、介護や福祉の職場では、高年齢者を中心にご利用者が量的に拡大し、その担い手の確保が大きな課題となっています。今後は、介護・福祉職場においても高年齢者の有効な活用を真剣に検討していかなければなりません。長年培ってきた知識と経験を活かし、担い手としての意欲や能力のある限り、職場で活躍し続けてもらうことができる職場作りが求められます。

○法人施設では、これまで通常60歳の定年を定めているところが多いようです。もともと定年年齢の定めは、法令で義務付けられているものではなく、「定年を定める場合には60歳を下回ってはならない」という規定があるだけでした。「改正高年齢者等雇用安定法」では、平成18年4月1日からは、「65歳未満の定年年齢を定めている事業主に65歳までの安定した雇用を確保するために」次のいずれかの措置を義務付けることになりました。
① 定年の引き上げ
② 継続雇用制度の導入

③ 定年の定めの廃止

2．社会福祉法人としての対応策

○これまで定年年齢を60歳としてきた法人施設が、いきなり定年を廃止したり、65歳に定年を引き上げると、思わぬ人件費の増加を招くことがあります。というのも、給与制度が年功序列制で基本給が自動昇給することや退職金の計算方式が退職時の基本給を基礎に算定されていることが多いので、定年年齢を引き上げた場合、60歳以降でも基本給を下げられないといった制約があるからです。

○そこで、現実的な対応策としては、改正法の措置として列挙されている②の「継続雇用制度」があります。この継続雇用制度の中には、さらに「勤務延長制度（定年年齢に到達した者を退職させることなく引き続き雇用する制度）」と「再雇用制度（定年年齢に到達した者をいったん退職させた後、再び雇用する制度）」があります。導入しやすいのは「再雇用制度」で、一般的にもこの制度を導入するところが一番多いようです。定年年齢に達した職員に一旦退職金を支払い、改めて定年前とは異なる雇用形態や労働条件で再雇用するというものです。従来と同様にフルタイムで働くプランや余暇をできるだけ楽しむ短時間プランあるいは週休3日プランなど、それぞれの働き方に応じて定年以降の雇用形態の選択肢を増やせれば、職員にとってのメリットも大きいと言えます。

○「60歳以降の再雇用者の給与」に関して、60歳までの給与制度とは異なる仕組みを導入する必要があります。なぜかというと、ある一定以上の給与額になると60歳から支給される「在職老齢年金」が支給停止になったり、「高年齢者雇用継続給付金」が支給されなくなるからです。再雇用時の給与は定年時の6～8割程度にするところが多いようですが、この時に事業主としては人件費を抑制したいし、働く者としてはいままで通りの給与をもらいたいと思うものです。ここでは詳しい説明はできませんが、制度としての年金支給や公的な給付金を有効に活用するという発想で少し工夫することによって、事業主と労働者双方がメリットを享受できる給与制度を設計することができます。

第5章　福祉人材の採用マネジメント

●第1章から第4章まで人材の定着を促進する上で法人施設がとるべき方策を考えてきました。しかし、その前に法人施設で働く職員が定着して欲しい人材であることが前提となります。第5章から第7章まで正しい「採用」と、どのようにマネジメントしていくかを考えます。

●「採用活動」は職を求める個人と人材を求める法人の出会いから、雇用関係を約束するまでを指します。個人にとっては職業人生の大切な一幕となり、法人にとっては法人の運営をゆだねる資源（人材）を決定する、お互いにとって重要なイベントです。

●両者が幸せになるための「採用」の考え方を説明します。

第5章　福祉人材の採用マネジメント
1．定着の基盤は採用から

採用は

異なる価値観・文化・背景を持った

人格を持つ個人と風土を持つ法人の

契約関係の始まり

採用とは「人をとり立てて事に当たらせること」
契約とは「対立する複数の意思表示の合致によって成立する法律行為」

1．確保が先か定着が先か
○社会福祉法人経営者から「定着しない」、「確保できない」と嘆く声が聞かれます。採用活動にはテクニックがあり、それを伝えることは簡単です。しかしながら、そのテクニックをもって採用が一時的にできたとしても、それは瞬間風速的に法人施設内の人員数が増員され、あたかも、必要な人材が確保されているかのごとくに感じられるだけなのです。つまり、本来の意味で確保ではなく、ましてや定着にはつながりません。このような状態をいつまで続けるのでしょうか。

○確保を考えるときに、まず先に自法人の現任職員の定着について考えてみましょう。すでに述べましたが、退職者分析を行い、現任職員の満足度をはかり、職員の生の声を真摯に受け止め、そして納得と公正の人事管理制度を整え、育成の基盤をつくります。

○自法人の理念、文化、風土そしておかれる環境を踏まえた上で、職員の定着への施策を立案していく中で、おそらく、所属、役割、職種ごとに自法人の求める人材像（能力、技術、勤務上の取り組み姿勢や意欲）が明確になってくるでしょう。

そうなれば、人材の確保まで長い道のりではありません。

2．採用は人と法人間の契約の始まりである

〇採用活動は人材確保を目標としていますが、最終的な手続きは雇用契約を締結するところにあります。では、契約とは何でしょう。契約とは「対立する複数の意思表示の合致によって成立する法律行為」（広辞苑）とあります。契約を交わす上でどちらが上位、下位ということはなく、Aがある役務の提供を約せば、Bはその役務を受けた代償として報酬を支払うというお互いの合意の下での約束事です。つまり、雇用契約においては雇用する側の言い分と雇用される側の言い分の合致があって、初めて契約締結となります。

〇では、雇用関係上見られる「対立する複数の意思表示」とは何でしょう。明確にされるのは給与、労働時間、休日等々の労働条件が挙げられます。しかしながら、雇用する側の言い分と雇用される側の言い分は、これら労働条件に全て集約されているのでしょうか。

〇雇用する側の言い分としては、その人材に求める役割、能力、技術、勤務上の取り組み姿勢や意欲などさまざまあります。また、雇用される側の言い分としては、具体的な職務内容、将来性、労働環境（配置、同僚、上司など）などがあるのではないでしょうか。これらの互いの言い分は明文化されることはなく、互いに面接などを通して伝えられていきます。

〇つまり、採用には雇用する側として「言い分」を明確にする必要があり、この「言い分」は理想や架空のものではなく、現実（現在の法人や施設のあり方そのもの）から導きだすほかないのです。

〇そうして示し合わせた上での採用であるからこそ、入職後の雇用のミスマッチを防ぐことが出来、お互いに幸せな「雇用契約」とすることができるのです。つまり、確保の前に定着があり、定着の前には正しい採用があるのです。

第5章　福祉人材の採用マネジメント

2．どのような種が土壌にあうか

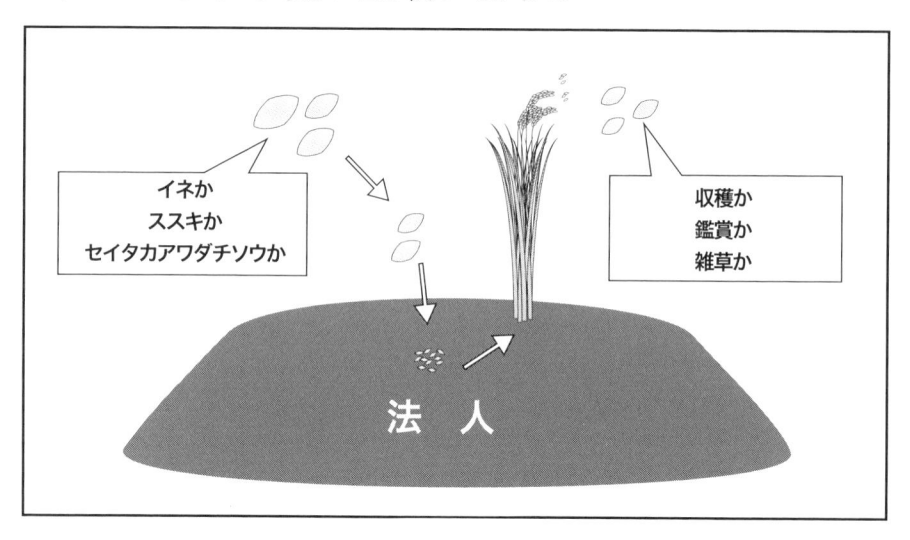

イネか
ススキか
セイタカアワダチソウか

収穫か
鑑賞か
雑草か

法　人

1．法人は土壌である
○植物を育てる場合、それぞれの植物によって育ちやすい土壌があるそうです。日本の土壌は元々が弱酸性ですが、たとえば、スイートピーは弱アルカリ性を好むと言われています。スイートピーを酸性の土壌で育てようと思えば、おそらく満足な結果にならないことは目に見えています。

○自然は強いものが生きのびるのか、その変化は目覚しいものです。例えば、セイタカアワダチソウ。一時期、花粉症の元凶であるなどの風評があり、一躍嫌われものになってしまった外来種の雑草です。この植物。生命力が強くアレロパシーと呼ばれる化学物質を土壌内に放出し、他の品種の育成を抑制させるそうです。イネ科の植物であるススキと競合すると言われており、皆さんの中にもススキがセイタカアワダチソウの草原に変わったのを記憶している方もおられるのではないでしょうか。

○自法人の職場を振り返ってみてください。職員はイキイキと働いているのでしょうか。職員はのびのびと育っているのでしょうか。そして、その職員から援助、支援、介護を受けるご利用者はその恵みを感じているのでしょうか。

2. 職員は将来のある種である

○入職したときに活気があった職員が、数ヶ月働き、慣れてきたころに元気がなくなり、1年もしないうちに辞めていってしまったという経験はないでしょうか。面接したときには動機もしっかりとしていて、期待していた職員であればこそ、残念な思いをします。そして同僚の離職が他の現任職員に与える影響は大きいものです。

○人材は個々に夢を持ち、それぞれに可能性を秘めています。職員にもそれぞれに育ちやすい土壌があるのではないでしょうか。酸性を好む人材もあれば、アルカリ性を好む人材もあります。多業種、多施設経営している法人であれば、一つの施設でその土壌が職員に合わないと察知し、他の施設に異動させることができます。しかし、それも簡単ではありません。

○また、一人影響力の強い職員が入職したことにより、これまで法人施設に貢献してきた職員に混乱を起こさせ、全体が不協和音となり、代え難い人材が離職するというケースもあります。まさに、セイタカアワダチソウのタイプ。

○自法人がどのような風土・文化・価値観を持っているのか、また、具体的にどのような人材により、どのようにして社会に貢献する（社会から必要とされる）のかを考えてみてください。それを知らずして人材を採用しても定着にはつながりません。そして、面接の際、その人材が自法人の土壌に合わない場合は採用しない勇気も必要です。酸性の土壌であれば、スイートピーは育ちませんし、イネを収穫したいのであれば、セイタカアワダチソウの種は不要なのです。

○職員は将来花を咲かせ、実をなす種なのです。職員が法人施設という土壌ですくすく、のびのびと育ち、ご利用者がその恩恵を質の高いサービスという形で受けられるようにするためには、法人施設に合った人材の採用が求められます。

第5章　福祉人材の採用マネジメント
3．採用活動の影響力は大である

１．見た目が10割？
○電車の中吊りを読むと、その週刊誌や商品の特徴が強く感じられるものです。駅の新聞スタンドで筒に売られている新聞の見出しに興味をそそられることはないでしょうか。人は瞬時に文章や文字からあらゆることを想像します。写真や絵などが挿入されていれば、なお一層人の想像力は増幅されます。

○採用活動には様々な対外的広報活動が含まれています。その影響力を考えてみましょう。

２．採用活動の種類と影響力
①求人募集要項
ハローワークや人材センター、福祉専門職養成校などへ提出される定型的なものです。見る側は主に求職者ですが、一方、関係機関の職員はその全てを受付時から関わり、内容の確認から入力作業などをこなしています。つまり、容易に比較が可能です。当然、各必要事項には全て記入し、読みやすく、丁寧に記入しましょう。

②有料求人広告
有料であるため、A4サイズなど大きなスペースをとりにくく、この媒体は福祉人材のみならず、地域の住民も見ています。地域住民にはご利用者もあれば、そのご家族も住んでいるでしょう。また、潜在的な人材も多いことを意識して、求める人材像や役割は具体的に、地域性を考慮して一文を追加しましょう。

③ホームページの採用ページ
法人に興味を持つ人であれば、誰でも見ることが出来ます。つまり、日本全国、いや世界から見られていると承知しましょう。また、募集要項や求人広告と違い、多くのボリュームを割くことも可能で、法人の独自性がよく伝わります。問合せ先をメールアドレスとしたり、フォーマット入力による送信が可能であれば、電話や郵送での応募と違い、安易な気持ちでアクセスされるというリスクを負う必要があります。

④就職関連のイベント
就職に関心のある福祉人材や就職希望の学生などが集まります。その中には学校の就職担当者なども。上記の視覚的な媒体と異なり、その場にいる担当者の一挙手一投足が180度見られています。ブースの中で油断をしていると折角興味を持っていた人材もその担当者の態度を見て逃げかねません。

⑤学校訪問
就職担当者や就職担当窓口となる先生を訪ねていきますが、例えば、窓口での対応、ロビーでの待ち時間などは逆に学校関係者から見られています。

⑥口コミと書きコミ
①〜⑤が端を発する可能性があります。他人の口とペンを奪うことはできません。採用活動の影響力は大きいのです。

第5章　福祉人材の採用マネジメント
4.「縁」を創る採用体制の工夫

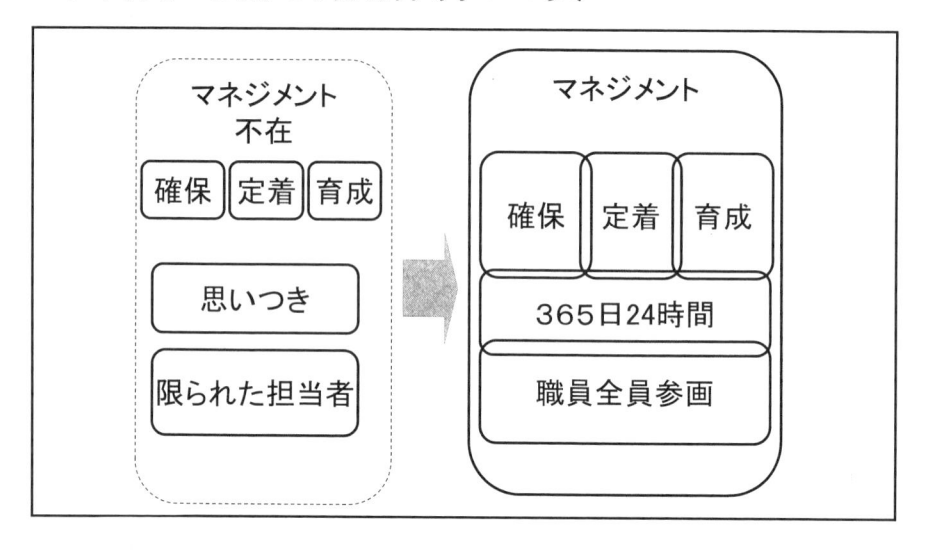

マネジメント不在：確保　定着　育成／思いつき／限られた担当者

→

マネジメント：確保　定着　育成／365日24時間／職員全員参画

1．人々の印象は返ってくる反応と等しい？

○福祉職場は支援や援助、介助の必要な人がいれば、そこでサービスの提供が行われ、365日24時間稼動しています。ご利用者がいる限り、その事業は止まることがありません。

○福祉職場で働く限り、常にサービスを提供していると言え、逆に常にどこかでサービスを受けているご利用者があると言えます。そしてご利用者の周りにはケアマネジャーがいたり、家族がいたり、地域の住民、行政の福祉担当者など多くの人々が関わっています。

○つまり、福祉事業の活動は毎日、多くの関連する人々に見られ、印象を与え、人々の話題となっているのです。時にはご利用者や関係者から御礼を述べられたり、クレームをいただいたりと反応をいただけることもあります。しかしながら、人は持つ印象や感情すべてを当事者（この場合は法人や施設）にフィードバックするとは限らないのです。

2．きっかけは365日24時間

○いざ、欠員があり、補充のために採用をしようとなると、募集広告に始まり、応募者を確保し、面接、採用とスムーズに確保したいところです。しかし、それではなかなか計画通りにいかないのではないでしょうか。

○採用面接は「お見合い」だと言う人があり、採用は「縁」のものだと言う人があります。福祉職場の場合、年中無休で営業をしているのですから、「縁」を探す、つくる機会は年中あると言っても良いのではないでしょうか。

○福祉業界では、事業規模のせいか人事管理をおこなう部署を専門に設けている法人が少ないようです。採用や人員配置は施設長や事務担当者等が担当、研修は現場のミドルマネージャーが担当、給与規程等は理事長が担当するなど、ごく一部の責任者の元で考え、決定され、実行されていないでしょうか。人材の確保・定着のマネジメントを法人施設全体で当事者意識を持ち、取り組めるような工夫が必要です。

○例えば、現場職員で横断的な委員会を作り、そこで、確保についての年間計画を立案する、シフトで情報の共有化の難しい環境であるからこそ職員と職員のつながりを強くする企画をたてる、中途採用者が早く現場に馴染んでもらえるような施策を立案する、など現場であるからこそ、ユニーク、斬新、しかも効果的な計画立案ができるのではないでしょうか。

○ある企業では、新卒対象の企業説明会から面接まで研修担当者が総出で取り掛かります。なぜかというと、研修担当者は毎年新卒の研修を企画、実施しており、学生の「気持ち」や「期待」を知り、新卒を「見る目」があるからだそうです。

○現任職員を振り返って見てください。後輩の育成の上手い職員、人を惹きつける職員、付き合いの上手な職員など有能な職員はいないでしょうか。

第5章　福祉人材の採用マネジメント
5．効果的な採用活動のながれ

情報収集 → 採用計画作成 → 母集団形成 → 施設見学 → 法人説明 → 応募 → 採用試験 → 内定 → 契約

1．採用活動の一般的な流れ
○採用活動には一般的な流れがあります。確認してみましょう。
①情報収集
労働市場についてできる限り新鮮な情報を集めます。エリアごとの求人倍率や求職者動向、競合する他の施設や他業種が提示している労働条件など多岐に亘ります。情報収集先としては、ハローワーク、養成校、求人媒体を発行している業者や人材紹介および派遣会社も多くの情報を持っています。また、自施設の職員からも多くのヒントが得られます。
②採用計画作成
得た情報をもとに、採用計画を立案します。どの職種で何名採用するのか、どのような媒体を使うのか、予算はどうするのか、誰がどのように活動をするのか、綿密に計画を立案します。また、予測される効果の評価をどの時点で実施し、計画通りに進捗しない場合はどうするのか、その権限は誰が持つのかなど軌道修正のルールも決めておきましょう。
③母集団形成
就職先として法人施設に興味を持つ人材を集めます。

④施設見学・法人説明
法人について、施設について、より具体的に求職者に知ってもらうための貴重な機会です。法人や施設の方針、方向性や優れている点を説明するのはもちろんですが、弱みについても丁寧に説明を加えましょう。
⑤応募
求職者から採用試験に進むための申し入れがあります。履歴書をいただいた時点で求人側と応募者という関係になります。
⑥採用試験
求人側と応募者が向き合い、互いの価値観や条件を示しあいます。あくまでも対等な立場です。
⑦内定
採用試験の結果、求人側から採用意向の提示をします。これを受けた応募者が就職を希望するかを決定します。最終決定権は応募者にあります。内定を出さない応募者に対してはより丁寧な対応が必要です。
⑧契約
内定が承諾され、雇い入れ時前に雇用契約を締結します。その際には具体的な労働条件の明示が文書で必要です。

2．採用活動のPDCA

○採用活動中はさまざまな情報が入ってきます。特に求職者、応募者からの情報は次の採用活動計画作成の際に大変参考になるものです。問い合わせをいただく時点から問い合わせ内容、職種、年代、エリア、情報収集経路、応募の有無、内定の有無、人材としての質、雇用の有無を記録に残しておきましょう。少し面倒に感じるかもしれませんが、これらの情報が蓄積されることによりチェック・アクションが可能となり、自法人の採用のノウハウが構築されるのです。

○人材確保は大変流動的で世情を反映するものです。今年が計画通りに進捗したからといって、来年もその通りになるとは限りません。もちろんその逆もあります。採用担当者は常に労働市場について敏感であるべきだといえるでしょう。

第5章　福祉人材の採用マネジメント
6．就職活動の心理プロセスを考慮する

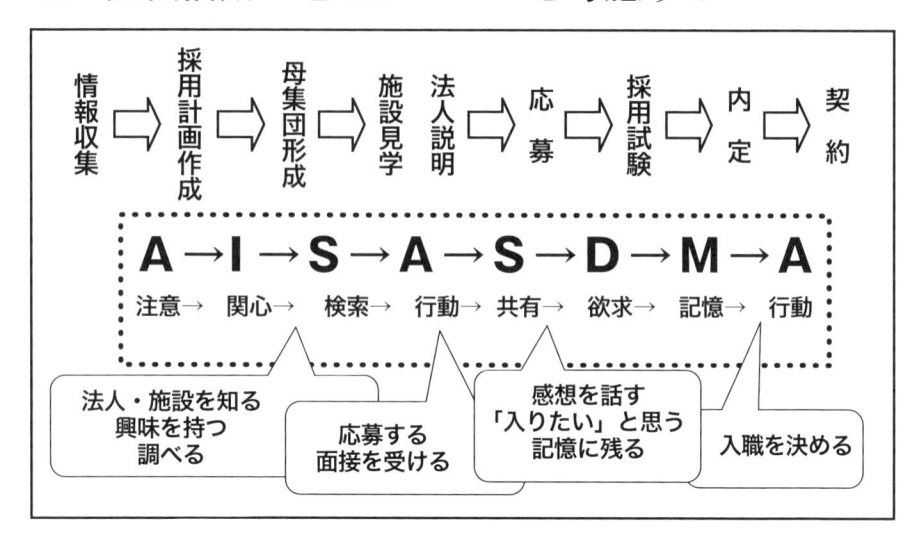

```
情報収集 ⇒ 採用計画作成 ⇒ 母集団形成 ⇒ 施設見学 ⇒ 法人説明 ⇒ 応募 ⇒ 採用試験 ⇒ 内定 ⇒ 契約

      A → I → S → A → S → D → M → A
     注意→  関心→ 検索→ 行動→ 共有→ 欲求→ 記憶→ 行動
```

- 法人・施設を知る／興味を持つ／調べる
- 応募する／面接を受ける
- 感想を話す／「入りたい」と思う／記憶に残る
- 入職を決める

1．消費行動の心理～ＡＩＤＭＡとＡＩＳＡＳ～

○皆さんは買い物をする時、自分がどのような心理行動をとっているか意識したことがありますか？　アメリカのローランド・ホールは顧客が商品を買い求める場合、下記のように心理プロセスがあると言っています。

　　Ａ：Attention（注意）　～商品に注意をひかれる
　　　　「あれ、新しい冷蔵庫が発売されたぞ」
　　Ｉ：Interest（関心）　～商品に関心、興味を持つ
　　　　「良さそうな冷蔵庫だなあ。どんな機能なんだろう」
　　Ｄ：Desire（欲求）　～商品を欲しいと感じる
　　　　「いいなぁ。あの冷蔵庫欲しいな」
　　Ｍ：Memory（記憶）　～商品を欲しいと思い続ける
　　　　「あれ、今度のボーナスが出たら買おう」
　　Ａ：Action（行動）　～商品の購入

○さらに、日本の大手広告代理店の電通はインターネットの普及する昨今、ＡＩＤＭＡを発展させて、ＡＩＳＡＳを提唱しています。

A：Attention（注意）　〜商品に注意をひかれる
　　　I：Interest（関心）　〜商品に関心、興味を持つ
　　　S：Search（検索）　〜インターネットで商品について検索、調べる
　　　A：Action（行動）　〜商品の購入
　　　S：Share（共有）　〜インターネットなどで商品について評価を共有する
いかがでしょう。

２．採用活動とＡＩＤＭＡとＡＩＳＡＳ

○採用活動の裏側には当然求職者の就職活動があります。その心理プロセスも上記のＡＩＤＭＡとＡＩＳＡＳをヒントにできます。

　　　A：Attention（注意）　　「あ、こんな施設があるんだ。求人してるぞ」
　　　I：Interest（関心）　　「どんな施設なんだろう。良さそうなところだな」
　　　S：Search（検索）　　「ネットで調べてみよう。友人に聞いてみよう」
　　　A：Action（行動）　　「施設見学（面接）させてもらおう」
　　　S：Share（共有）　　「施設見学（面接）行って○○だったよ」
　　　D：Desire（欲求）　　「他も考えたけど、あそこがよさそうだな」
　　　M：Memory（記憶）　　「やっぱりあそこが一番いいな。決めよう」
　　　A：Action（行動）　　内定承諾から雇用契約締結へ

○さて、いかがでしょうか。採用活動中、求職者の心理プロセスについて少し考えてみてください。まずは注意を引き、関心を持ってもらうためにはどうすればよいのか、そして検索された場合にどのような情報をそこで提供できるのか。また、お問い合わせや施設見学、面接を通じて法人と接点を持つと求職者はその中で感じたことを周りの人々と共有しているのです。

○法人が内定を出す頃には求職者の気持ちはまだ揺らいでいるのかもしれません。そのような時「是非、君と一緒に働きたい」と一言添えることも必要かもしれません。

第5章　福祉人材の採用マネジメント
7. 求職者の惹きつけ方

職種	役割	雇用形態	資格	経験	人数	能力	人柄
⦅介護職員⦆	⦅一般職員⦆	⦅正規職員⦆		なし	1人	⦅介護能力⦆	⦅温厚⦆
生活相談員			無資格			マネジメント能力	明るい
ケアマネジャー	指導的職員	契約職員		⦅同職種3年未満⦆	⦅2人⦆	財務能力	
看護職員			⦅国家資格取得者⦆	同職種5年以上	3人	⦅パソコンスキル⦆	⦅まじめ⦆
療法士						企画力	活発
管理栄養士	管理職員	嘱託職員				コミュニケーションスキル	
保育士			認定資格取得者	リーダー経験	4人	交渉能力	素直
支援員	経営幹部	パート職員		マネジメント経験	5人	プレゼンテーション能力	・・・
・・・						・・・	

1. 職員の特徴をつかもう

○福祉職場を支える職種は多様です。高齢者福祉サービスをとってみると、介護職員、相談員、看護職員、ケアマネジャー、管理栄養士、事務職員、施設であれば、洗濯や掃除をする職員などが挙げられるでしょう。そして正規職員、非正規職員、嘱託職員、短時間パート職員など働き方も多様です。

○よりよいサービスを提供するために、そして健全な経営をするために、皆さんは組織をどのような人材で構成するかを考え、人員計画を立てているのではないでしょうか。ただ闇雲に採用をしているわけではないのです。第5章6「就職活動の心理プロセスを考慮する」のページで述べましたが、まずは求職者に法人を知ってもらい、関心を持ってもらうことから始まります。そのため、採用する人材の特徴を明確にし、その人材をターゲットすることから求人活動が始まります。

○では、人材の特徴をどのように明確化すればよいのでしょうか。上の図表をご覧下さい。職種-役割-雇用形態-資格-経験-人数-能力-人柄とあり、それぞれの選択肢に丸印をつけています。図の例では「介護職員-一般職員-正規職員-

国家資格取得者−経験3年未満−2人−介護能力、パソコンスキル−温厚、まじめ」とあります。

○求職活動中の卒後2～3年程度のフレッシュな介護福祉士および社会福祉士像が思い描かれます。そのような人材に関心を持ってもらうような求人内容でなくてはならないのです。求職者は数多くの求人票を比べているのかもしれません。その中から「自分に合いそうな」「自分のやりたいことがやれそうな」求人票にまずは興味を持つのです。今回の例であれば、求人票に「健康で活発な方」や「パソコンの好きな方」など具体的に書くことによって意中の人材の関心をひくことが可能となります。

2．求人広告か、求人情報か

○採用活動を始める際、まずは求人に関する媒体を用意します。その内容はいかがでしょうか。求職者にとってそれは就職活動をする上での価値ある「情報」となっているのでしょうか。求職者の求める「情報」が盛り込まれているのでしょうか。

○では、「情報」と「広告」とは何が違うのでしょう。広辞苑によると広告とは「顧客を誘致するために、商品や興行物などについて、多くの人に知られるようにすること」とあり、一方、情報とは「判断を下したり行動を起こしたりするために必要な知識」とあります。

○ＡＩＤＭＡやＡＩＳＡＳのＡ（Attention：注意）を目指すものが「広告」といえるのではないでしょうか。しかしながら、採用活動では「多くの人に知られる」ことが最終目標ではなく、採用したい特定の人材が応募してくることが当面の目標となります。

○では、求職者がＳ（Search：検索）し、応募というＡ（Action：行動）を起こす情報となるには何が盛り込まれているべきか、次に詳しく説明します。

第5章　福祉人材の採用マネジメント
8．求人情報・パンフレットの工夫

> **求人用パンフレット構成 (例)**
> ― 理念/基本方針
> ― 理事長からのメッセージ
> ― 法人の風土/価値観/考え方事業概要
> ― 法人の沿革および実績
> ― 職員からのメッセージ
> ― 教育研修制度
> ― 求める人材像
> ― 応募方法および問い合わせ先 (担当者)
> ― 地図

1．求職者にとっての「情報」

○サービスや商品を提供するものとして利用者や消費者にまずお渡しするのが、パンフレットです。ホテルや美術館にもパンフレットは用意されていますし、家電製品や車の販売についても商品のパンフレットが用意されています。多くの商品から一つを選択する際、全ての商品を実際に使ってみることはできませんから、パンフレットから受けられるサービスや商品の価値をイメージして、担当者の話を聞き、インターネット等で調べ、さらなる情報を得て選択することになるでしょう。

○多くの福祉法人でも事業概要や施設概要をまとめたパンフレットを用意しています。ご利用者にサービス内容を説明する媒体としては写真や具体的内容、金額などが適度に盛り込まれたパンフレットは大変使い勝手がよいものです。

○皆さんの法人では求人用パンフレットを作成していますか。求職者は実際に就職活動をしながら、興味のある全ての法人で働いてみることはかないません。また、養成校や大学などで就職担当をする先生方にとって、画一的な求人票だけでは、その法人での働き方についてまではイメージがつきにくいものです。

○この機会に求人用パンフレットの作成をお勧めします。パンフレットによって求職者に自法人で働くイメージを持ってもらうのです。

２．求人用パンフレットの作成
○求人用パンフレットの内容についてご紹介いたします。
・理念／基本方針や理事長、施設長からのメッセージ、風土、価値観
法人施設がどのような方針のもと、どのような価値観のもと運営されているかを示します。
・事業概要、沿革、実績
法人の事業内容を示します。定員数なども盛り込むとより事業の概要が明確になります。また、法人設立からどのような経緯を経てきたのか、これまでに福祉業界への貢献はどのようなものがあるのかを示します。法人の履歴書のようなものです。
・職員からのメッセージ
職員自身の言葉で仕事について、職場について語ってもらいましょう。可能であれば、氏名、卒業校が明記されていると現実味が増します。
・教育研修制度
入職する職員に対し、法人がどのようなサポート体制をとっているのか、また、ＯＪＴの仕組み、施設内研修、施設外研修はどの程度行っているのか、ＳＤＳの仕組みはあるのかなどを示しましょう。
・求める人材像
法人がどのような価値観や能力を持った人材を求めているのかを示しましょう。
・応募方法および問合せ先、地図
応募方法等についてはできれば担当者名を明記し、対応時間が決まっているのであれば、曜日や時間についても示しましょう。

○パンフレットの内容はそのままホームページに載せることが可能です。また、時間のある時に是非、一般企業の採用ページを見てみると思わぬヒントが得られます。

第5章　福祉人材の採用マネジメント
9．採用は夢と希望を与えるもの

応募者に示す内容
― 具体的な仕事の内容
― 期待される役割
― 処遇
― 福利厚生
― 配属
― 勤務体制
― 仕事の将来性

1．将来は明るいほうがよい

○法人にとって、採用は将来を担う人材との雇用関係の始まりです。そこには、職員が法人施設の事業を役割を持って支え、自己実現を達成させると同時に、法人の理念が具現化され、結果としてよりよい福祉サービスの提供を可能にすることが期待されています。つまり、ウィン‐ウィン‐ウィンの関係づくりの第一歩なのです。

○一方、求職者の就職動機はさまざまです。福祉職場での仕事を通して社会貢献をしたい、資格を取得したため活かしたい、もしくは経済的自立のためなど個々に異なります。しかしながら、どのような就職動機であっても、期待する将来の自分の姿を持っているはずです。つまり、求職者は個々の夢（将来の姿）を実現できる社会活動の場を探しているといえるでしょう。

○そのため、就職すると「どうなるのか」を具体的に説明することが必要です。説明を進めるうちに「当法人には貴方の夢を実現する環境がないかもしれない」ことが分かってくる場合もあります。その場合には求職者に対し、親身になって、同じ福祉職場で働く者として他の法人や他の方向性を案内することがあるかもし

れません。

2．具体的内容
○では、将来の姿をどのように示せばよいのでしょう。ポイントをご説明します。
・具体的な仕事の内容
同じ介護業務、相談業務でも法人それぞれで考え方ややり方は異なります。利用者本位のサービスを目指すといっても、それがユニットケアなのか、従来型のケアなのか、食事、排泄、入浴についても大きく異なります。求職者がやりたいサービスが可能なのかどうかを説明します。
・期待される役割
福祉職場で働く職員は昇進志向が低いとよく言われます。実際、当社で開発したモラールサーベイ（福祉職場の職員満足度調査）を見ても多くの施設で「昇進志向」は25項目中下位に位置することが多いのです。法人がどのような役割を期待するのか、それは組織性能力の発揮か、専門性能力の発揮なのかを組織や現任職員の特徴などの説明を交えて話しておくことが必要です。
・処遇、福利厚生
対象者が新卒であれば、給与規程どおりの初任賃金となるでしょう。しかしながら、中途採用者であれば、前歴を考慮したうえでの基本給の決定となります。この場合には前歴換算のルールを説明し、納得、同意を得ることが求められます。また、合わせてこれまでの昇給、賞与実績、今後の昇給見込み等についても誤解のないようにしておきましょう。
・配属、勤務体制
施設であれば、配属先の特徴や勤務体制については、本人の希望を考慮したうえで決定し、説明をしましょう。本人の希望がかなわない場合には、異動のルールについて説明し、同意を得ましょう。
・仕事の将来性
こればかりは入職し、働いてみないと分からないところではありますが、現任職員を例に取り、求職者の夢をかなえる現実があることをアピールします。

第5章　福祉人材の採用マネジメント
10. 求職者・応募者との関係づくり

> **求職者（応募者）は**
>
> 　　　—地域福祉を支える仲間
> 　　　—地域の住民
> 　　　—養成校や学校の学生
> 　　　—利用者の家族
> 　　　—職員の友人／家族
> 　　　—次の求職者の友人

１．求職者と応募者と職員

○求職者は仕事を求めている人を指します。その中には在職中の人もいるでしょう。就職活動から得られる情報から興味を持ち、就職したいという法人が見つかれば採用試験に進みます。つまり、この段階では求人側は求職者の個人情報を持ちえず、一方的に情報を提供する側となります。

○求職者が採用試験を希望する場合は履歴書の提出が求められますから、求人側としてはこの段階で求職者の所在、連絡先、経歴等の個人情報を知りえることになります。つまり、ここで初めて対等な関係になるのです。就職が決定すれば雇用主（法人）と被雇用者（職員）の関係となり、採用に結びつかなければ、一個人と法人の関係に戻ります。

○採用が決定し、内定を出し、そして雇用契約を結べば、それ以降は法人の職員となり、「身内」となります。雇用主の指示、命令、監督のもとに職員は働き、職員の行動により発生した事象は法人の責任でもあるのです。

2．求職者と応募者とは

〇求職者と応募者は法人にとってまったくの部外者であることは間違いありません。しかしながら、求職者と応募者は福祉職場に関係を持つ同業者ということもできますし、福祉業界で働く仲間と考えることもできます。または、将来の職員となる可能性もあるのです。

〇では、求職者と応募者にはどのような人がいるのでしょう。福祉職場で働く職員の多くは職場の近隣に住んでいることが多いようです。つまり、求職者と応募者は地域住民でもあります。

〇また、新卒採用をする場合、養成校や福祉系大学から問い合わせや応募があるでしょう。つまり、求職者と応募者は養成校や福祉系大学の学生でもあるのです。

〇福祉職場はあらゆる年齢、能力、資質、属性をもった人材に労働の場として門戸を広げています。また一方では、誰もがそのサービスを受ける立場になる可能性があるのです。

〇筆者が某メーカーで新卒採用の一次面接の面接官をしていたころ、一日10名程度の面接をするのですが、そのうち約半数は二次面接に進みます。文句無く二次面接に進む学生に対しては面接中も始終話題豊富に面接が進むのですが、反面、お断りをするタイプの学生には丁重な言葉遣いで面接の30分を終わらせ、お帰りいただいていました。メーカーとしては不合格通知を出す学生こそ、会社にとって大切な消費者となるため、丁寧に対応するのだそうです。

〇面接については第6章で触れますが、応募者に対し、どのような姿勢で対応していますか。応募者は数ある求人から選び、履歴書を書き、時間を割いて面接に臨んでいます。まずは感謝の気持ちをもって接しましょう。20分から30分の時間が双方にとって有意義となるか否かは法人側にかかっています。

第6章　新卒採用の効果的手順

●「新卒」は社会人未経験者です。まだ学生である彼ら、彼女らは福祉業界に夢と希望をもって入職してきます。

●養成校の学生と福祉系大学の学生の就職活動には時間的にも質的も異なります。そういった特徴を踏まえながら法人は採用活動を行わなければなりません。

●法人施設の説明をどのようにすればよいのか、採用面接はどのような点にポイントをおくのかを具体的にご説明します。

第6章　新卒採用の効果的手順
1．新卒の新鮮さを施設に活かす

> **新卒採用者の特徴**
>
> ― 社会人1年生
> ― 専門知識を身につけ実践前
> ― アルバイト経験などの学生の立場での
> 　社会経験がある
> ― 家族の期待を背負っている
> ― 夢を持ち、「これから」
> ― 可能性は未知数

1．社会人一年生

○高校を卒業後、養成校および大学へ進学し、いよいよ社会人となる学生の面接はとても気持ちのよいものです。筆者もこれまで多くの学生と会い、面接をしてきましたが、学生が面接の場で夢や将来の希望を語っている姿は未来の福祉業界に希望を感じさせてくれます。

○また、ご家族にすれば大切に育て、高度専門教育を受けさせ、本人の希望の福祉職場に就職できたことを喜び、将来を楽しみに見守っているに違いありません。採用側としては本人の夢に応えていくことはもちろん、その学生を育て、支えてきた家族の期待にも応えていきたいものです。

○新卒採用者は社会人一年生です。そのため、初めて就職した職場がその職員の社会人としての価値観を育てるといっても過言ではないでしょう。過密な学生生活のカリキュラムの中で、学校で社会人教育が出来ているとは言いがたく、出来ているとすれば、就職活動のすすめ方程度のものかもしれません。

○しかし、学生はそれぞれに社会経験を持っています。学生という立場でアルバイトなどの就業経験を通じて社会のルールを客観的に、時には批判的に見ていることもあるようです。中途採用者や社会に出て何年も経つ我々が同じ感覚を持とうと努力しても、それは無理な話ではないでしょうか。そのような貴重な視野を持つ新卒職員だからこそ、活発な意見を促し、施設の中で大きく育成していきたいものです。今後の福祉職場を担う人材になってもらうために。

２．新卒を採用するということ

○新卒採用者は学校で学んできた専門知識をフルに活用しようとします。時には法人施設の現任職員の知識やサービスの質が、彼らの期待や理想から外れ、遅れているかもしれません。「学校ではこうならった」というのを「うちのやり方だから」と済ませてしまうのではなく、耳を傾け、法人施設の力にしていくのです。

○また、同期の職員がいれば常に意識しているようです。「○○さんはもう１人で夜勤をしたのに、わたしはまだですか」などと聞いてくる職員もあるでしょう。先輩職員としては個々の新卒の職員をどのように育成していくか計画を立てる必要がありますし、本人に説明をして心の準備をすると同時に、安心感を持ってもらうことが重要です。

○福祉職場は生活の場です。ですから、業務の内容も生活に関わること全てが範囲に入ってきます。日頃から自宅で家事をしている先輩職員から見ると、手際が悪いと感じられ、非常識に感じられることがあるかもしれません。

○新卒採用者の可能性は未知数です。その職員を大きく育てるも小さく育てるも職場次第とこころして、１年後には新たに入職する新卒職員のよい見本となり、先輩となるよう職場全体で支えていきましょう。

○新卒の新入職員は皆さんの価値観や働き方をみて育ちます。将来の「福祉人材」としての育成と「社会人」としての育成をしていると意識してください。

第6章　新卒採用の効果的手順

2. 学校は情報の宝庫である

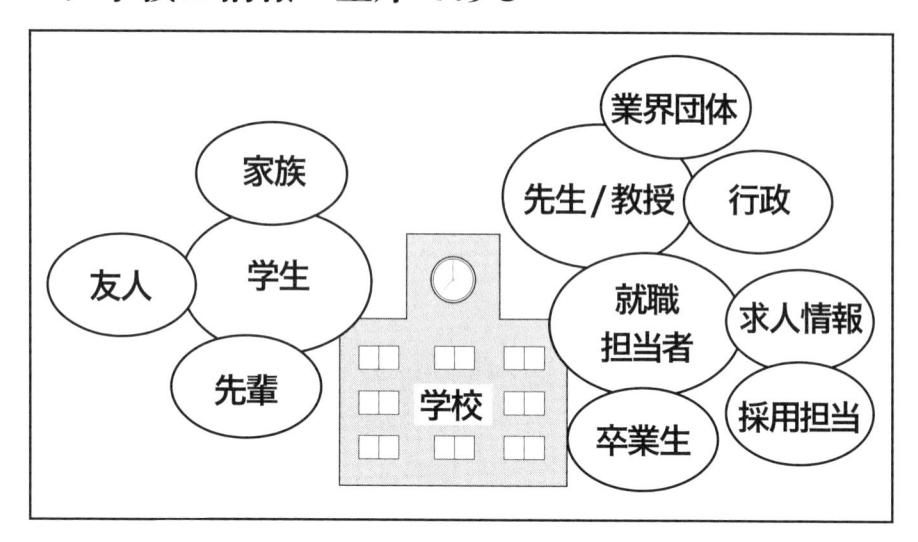

1. 就職担当者と面談

○新卒を採用しようとする場合、窓口としてまず考えるのは養成校や福祉系大学の就職担当者です。学校によっては専任のキャリアカウンセラーが担当をする場合や先生や教授などが兼任する場合などがあります。

○就職担当者の業務内容は
　①学生の就職指導・支援、相談窓口
　②求人企業対応
　③求人票のデータベース作成
　④学生の就職活動動向および内定状況、就職先動向等の調査
　⑤先生、教授への就職関連情報伝達
　⑥保護者への就職動向説明
など多岐にわたります。

○就学人口が減る中、就職先（出口）の動向は入学者数（入口）に大きく影響すると言われています。学校としては社会的に人気のある法人、団体や企業に学生を就

職させているかによって、高校生やその保護者へのアピール度が違うため、就職担当者としての責任は重大なものです。

○求人法人としては訪問する際にはその学校の定員数、卒業者数、進学倍率、就職先動向などを調べることはもちろんのこと、少なくとも近隣の学校の動向（定員数の増減、学部増設、廃止など）についても情報を得ておくことが必要です。

○就職担当者は学校を代表する就職窓口として学生から就職についての相談を多く受けています。つまり、学生の就職に関する考え方や動向については最も敏感に感じているところです。また、業界動向について、求人動向についても情報を積極的に集めている担当者が多くいます。せっかく時間を割いていただき、情報交換をする絶好の機会なのですから、ただ、「求人票を持参しました」で終わらないようにしたいものです。訪問後には必ずお礼状を。

○就職に関するあらゆる業務を担当していますが、1点だけ情報に弱い点があります。それは卒業生達が就職していく現場の内情です。卒業生が訪問すれば、その内容を知ることができますが、全てとはいきません。もしも法人職員に訪問する学校の卒業生がいれば、その職員の活躍ぶりをお伝えすると大変喜ばれます。

2．学校に関わる人たち

○学校には多くの関係者が関わっています。訪問すれば、学生達の日頃の生活を見ることができ、掲示物からは学内外で催される行事、ボランティア情報、アルバイト情報、求人情報などを知ることができます。

○一方、法人の代表（採用担当者）として、逆に見られていることを意識する必要があるでしょう。就職担当者は先生、教授、学生をはじめ、学生の家族、卒業生、同業他法人の採用担当者、業界関係者など多くの人たちと会い、「就職」をキーワードに情報交換を行っているのです。

第6章　新卒採用の効果的手順
3. 福祉系大学と専門学校の違い

> **就職支援のながれ (例)**
>
> ① 就職ガイダンス
> ② 業界、職種説明会
> ③ OB、OG交流会
> ④ 自己分析、履歴書の書き方等説明会
> ⑤ 合同企業説明会
> ⑥ 模擬面接

1. 福祉系大学の就職活動

○皆さんも高校生活の終盤を迎える際、進路について考え、悩んだ経験があるのではないでしょうか。まずは進学するか、しないのか、そして進学するのであればどういった学校にするのか。

○進学をする場合、広範囲でかつ高度な専門領域を学びたいのであれば、大学を選択します。社会に出るときのビジョンが描けているのであれば、短期間で専門的な技術や知識を習得し、必要な資格取得の可能な専門学校等の養成校を選択するでしょう。入学時点でそれぞれの動機がすでに異なっているのです。

○そういったことからも、4年制の福祉系大学と2・3年制の専門学校では在籍する学生の就職活動に違いがあるようです。また、大学の場合は他の学部、学科が併設されていることがほとんどです。そのため、大学では通常、3年次秋ごろより冬にかけて、上記のような就職支援のプログラムが組まれているところが多く、このほかにもキャリア開発を目的とした各種資格取得支援の講座などが設けられています。

○その影響からか4年制福祉系大学卒業生の就職先を見ると、多くの大学で福祉施設や医療機関以外に一般企業や自治体などへの就職も多く見られ、学生の選択の幅は広いことが分かります。つまり、4年制大学の学生を採用する場合には競合する求人法人は全業界・全職種だといえます。

○4年制大学の学生の就職活動は活動の早い学生ですと3年次秋ごろから就職を意識し始め、学内、学外の業界セミナーに参加、就職情報サイトへ登録するなどの活動から始まります。そのまま、希望する業界や職種が絞られると一般的には翌年1月ごろより採用試験への応募が始まり、2月〜3月ごろに内定を得ます。

○しかしながら、全ての学生がそのような就職活動をするとは限らず、あらかじめ福祉、医療に業界を絞っている志望の学生は4年次春から夏ごろにかけて、学内の就職支援室などから情報を得て、活動を始めるようです。また、公務員志望の学生は4年次の夏から秋ごろにかけて試験があり、その合否によって就職活動をしています。これらの学生の中には、友人の就職活動に触発されて、「保険」として就職活動をする学生もあり、採用試験の際に他の就職活動状況を確認する必要があります。

2．専門学校生の就職活動

○2・3年制の専門学校ではそのカリキュラムの構成上、実習期間があり就職活動に多くの時間を割くことが難しいようです。学校への求人票送付や学校訪問は学生の実習期間を配慮した時期を選ぶ必要があります。また、歴史のある学校等ではすでに推薦枠として特定の法人に学生の就職を決めてしまっている場合もあります。

○卒業生の就職先を見ますと、多くが福祉、医療関連の施設や企業へ就職していることが分かります。採用した場合には、採用担当者への挨拶や職員に入職後に訪問してもらい、仕事や職場についての報告をしてもらうようにしましょう。

第6章 新卒採用の効果的手順

4. 知ってもらうことが先決

法人説明の種類
― 法人説明会
― 施設見学
― 職員懇談会
― 職場体験

法人説明の媒体
― 法人・施設パンフレット
― 求人票
― 求人用パンフレット
― 職場イメージDVD
― 学会・業界誌等の実績

職員

1.「A（Action：行動）」に導くために

○学生に応募してもらうには、法人に「A（Attention:注意）」し、「I（Interest:関心）」を持ってもらう必要があります。その過程では学生の行動を把握することが難しく、ただひたすらに「情報」を見えるようにしておく必要があります。そして学生が法人について「S（Search:検索）」の行動を起こした時が次のステップである「A（Action:行動）」に導く一つのチャンスです。

○あるメーカーでは独自に業界説明会を開き、学生の業界についての認知度を上げ、そのあとで会社説明会、職種説明会と段階を踏んで実施する会社もあるようです。福祉系大学といっても、卒業生の就職先は多岐に亘りますから、我々福祉業界もこれまでの社会的なイメージを払拭するような説明会が必要とされているのかもしれません。

○では、どのようにすれば法人についての理解が深まるのでしょう。段階を追ってご紹介します。

①法人説明会
○法人の全体像
法人説明会は手元に法人概要や求人用パンフレット、求人票などを用意し、スクール形式で進めるのがよいでしょう。まずは、創設者がどのような思いで設立したのか、法人設立の趣旨の説明から始めます。そして、現在の法人に至るまでの経緯を年代順にお話し、現在の事業概要を説明します。

○法人理念、基本方針、行動指針
法人の全体像を説明した後、法人の理念や基本方針、行動指針など法人が事業活動を遂行する上での拠り所を説明します。理念や基本方針などは分かりやすい言葉であるものの、大切なのはいかに具現化されているかです。そのため、この部分の説明には、理念がどのように法人のあり方や施設運営に具現化されているか、実践例を挙げながらお話しましょう。

②施設見学、職員懇談会
○学生にとって将来の職場やそこで働く職員はとても気になります。そこで、施設の実際を見てもらう機会を作るのですが、このプログラムは実際に働く若手職員に企画立案してもらってはいかがでしょう。職員そのものが学生にとっては就職先を決めるよい「情報」となるのです。

○自分達が学生だったころに気になったこと、見たかったこと、良かったこと、疑問に思ったことなどを振り返りながら、手作りの見学会とします。施設見学会と合わせて、懇談会も企画し、例えば同じ学校の卒業生である職員に担当させるなど、学生にとって聞きやすい、馴染みやすい雰囲気を採用前から作ることができます。

③職場体験
○企業などではインターンシップという形で職場体験を実施しています。体験を通じて学生に「わたしにもできそうだ」、「楽しかった」という印象を持っていただき、応募につなげます。

第6章　新卒採用の効果的手順

5．何を基準に選考するか

採用試験の種類

― 小論文
― 適性テスト（クレペリン、ＳＰＩ）
― 一般教養テスト
― 実技試験
― グループディスカッション
― 個人面接

1．新卒採用の方法

○採用試験にはさまざまな方法があります。ただし、試験といっても学力や知識を測り合否を決めるものではありません。応募者の資質や価値観、職業観、強みや弱み、能力を総合的に知り、法人が求める人材かどうか、組織の一員として期待できる人材かどうかを見極め、お互いに幸せな結果となるように示し合わせるものです。

○採用試験を数回実施する法人や1回のみという法人もありますが、福祉職場の特性を考えると、2回から3回程度が適当ではないでしょうか。上記に試験の代表的な種類を挙げましたが、では、何を実施すればよいのでしょうか。

○まずは法人内で採用の「基準」と「優先順位」を決定する必要があります。「必要基準」と「希望基準」に分けることで整理しやすくなります。その後、採用試験の手段を選択しますが、それぞれの手段には目的がありますから、それを参考に法人の採用基準を知るうえで必要なものを実施することをお勧めします。

・小論文
採用試験日に数十分の時間を用意し、その場で実施するものから課題として自宅などで書いて用意をしてもらう方法もあります。口頭で話すことができても、いざ、文章化しようと思うと、普段文章になじみがないとなかなか書けないものです。ただし、あまりにもボリュームの大きいものを求めると採用側の負担が増え、判定の基準も難しくなります。
・適性テスト
テスト用紙を購入し外部委託をして分析をしてもらいます。面接時の結果判定に迷いが出た時などの参考になります。ただし、外部に分析を依頼するため、経費が若干かかります。
・一般教養テスト
簡単な算数、社会、時事、国語などが該当するでしょう。日頃の知識レベルが見られます。小学生レベルから中学生／高校生レベルまで出題するとよいでしょう。
・実技試験
基本的な介護技術等を実際にやってもらいます。事前にチェック項目を決めておき、試験官同士で内容のすりあわせをしておく必要があります。
・グループディスカッション
応募者に6名程度のグループになっていただき、テーマを与え、数十分程度で話し合ってもらいます。あまり難しいテーマではなく、応募者全てが参加しやすいテーマを選んでおく必要があります。一つの目標を与えられた時にチームの中でどのような行動をとるか見ることができます。
・個人面接
まずは応募してくれたこと、面接に来てくれたことに敬意を表し、面接官もそれぞれに自己紹介します。応募者のことを知る一番のチャンスですから、応募者が話しやすいと思われる内容から聞いていきましょう。時間は20分から30分程度。これまでの経歴、強みや弱み、志望動機、希望職種、これまでの成功体験や失敗体験などから応募者の資質、能力を見ていきます。

第6章　新卒採用の効果的手順

6．成功する面接の鍵

１．面接の心構え
○誰にも経験があるかと思いますが、応募者にとって面接は大変緊張するものです。第5章10「求職者・応募者との関係づくり」でも触れましたが、応募者と面接官はあくまでも対等の立場です。人格ある個人と法人の代表が雇用契約を結ぶかどうかの話し合いの場ですから、誠意をもって対応します。

２．面接のポイント
①環境を整備する
○個人面接の場合、応募者が安心して何でも話せるよう個室を用意します。面接官は履歴書や職務経歴書を持参し、必ず面接内容をメモ、評価するためのアセスメントシートを作成し、記録に残します。そのため、手元の資料が応募者に見えない程度の広さが必要です。

○面接官が後から入場する場合は応募者にとって会場内のゴミや片付け具合が大変目に付くものです。法人の部外者をお招きするのですから、掃除、整理整頓を心がけましょう。また、法人理念などは見える場所に設置しましょう。

②面接官の心構え
○面接官は応募者にとって法人を代表する「顔」となります。応募者の多くはスーツ等面接にふさわしい服装で身だしなみを整えてきています。法人代表としてふさわしい、清潔感、誠意の伝わる身だしなみに心がけたいものです。1人ですとその場の雰囲気や第一印象に影響され、主観が入ります。人数は複数で臨み、面接の進め方と、担当を決めておきます。

○応募者は会場に入るとまずは自己紹介を始めるでしょう。面接官は座ったまま、聞くのではなく、できれば立位で応募者の自己紹介が終わったら、すかさず所属、役職名そして氏名を名乗りましょう。

③面接の内容
○面接では応募者の価値観や能力、資質を知り、法人の一員としてふさわしいかどうかを判断しなくてはなりません。そのため、できる限り応募者の本音を聞きだすことが目標となります。

○まずは、応募そして面接に来てくれたことに対し敬意を表し、面接のすすめ方を説明します。そして、簡単に学歴と自己紹介をしてもらい、質問に入ります。ここではまだ緊張しているでしょうから、「志望動機」、「強み、弱み」、「将来像」についてなど応募者にとって話しやすい話題から始めましょう。

○緊張がだいぶ解けてきた頃に、学生生活やアルバイト経験を通じての成功体験を話してもらうと、応募者の行動特性を知ることができます。オープンクェスチョンを上手く使い、話を掘り下げ、法人の求める人材であるかどうかを判断します。

○最後に、応募者から質問を受けます。この時の質問内容も判断基準となります。また同じ質問に同じ返答ができるよう、面接官が複数ある場合は事前にFAQを用意しましょう。そして、結果連絡の説明をして終了です。

第6章　新卒採用の効果的手順

7.「行動」から分かること

```
「行動」：CHECK

  ― 電話連絡および問い合わせのとき
  ― 履歴書の送付方法
  ― 法人説明会および採用試験来訪のとき
  ― 休憩時間
  ― 面接待機のとき
```

1．日頃の生活と面接時の行動
〇高級なフレンチレストランで食事をする時と自宅で1人、食事をとる時では振る舞いが違います。また着るものによっても随分と気持ちが変わり、スーツを着用している時と活動的にジーンズをはいている時も振る舞いは変わります。

〇人はTPOによって態度や行動、言葉遣いも使い分けます。しかしながら、それは長時間続きません。福祉職場は支援や介護の必要な方の生活を支える場ですから、普段の生活で出来ていないことが、仕事だからとすぐにできるようになるわけではなく、日頃している癖がすぐに直るわけではありません。

〇だからこそ、採用試験では学生が日頃、どのような行動をとるのか気になるところです。しかしながら、自宅訪問するのでもなく、学校へ調査することもかないません。では、限られた機会の中で学生の行動をどう見るのでしょうか。

2．「行動」を見る機会
〇まず第1に学生から求人に関する問い合わせや連絡をもらうことがあります。そ

の際には必ず、誰が、どういった用件で連絡してきたのか記録にとどめておく必要があります。できれば、備考欄を用意して、言葉遣いは横柄でなかったか、丁寧であったか、マナーはどうであったか等気になった点を記録しておきます。

○次に採用試験の応募方法として「履歴書の送付」としているのであれば、送付用封筒のあて先の書き方はどうであったか、「履歴書在中」と明記されているか、「送付状」が添えられているかを見ます。上記の電話連絡や履歴書の送付に関しては学校で指導しているケースが多いため、大きなエラーは見られないかもしれません。

○そして法人説明会や採用試験に学生が来訪します。ほとんどの学生が面接用のスーツを着用しているため大変に目立つものです。会場に近い場所に案内係として職員を配置しておくと、学生がどのように来訪してくるのかをみることができます。

○そして受付ですが、受付用の参加者リストおよび応募者リストにも備考欄を設けておきましょう。受付時や退席時に気になった行動、言葉遣いをメモすることができます。

○法人説明会や採用試験の際には待機時間や休憩時間が発生します。学校の友人と一緒に参加、応募している場合には、つい普段の態度や言葉遣いが出るものです。面接官はそういった場から離れたところに待機しますが、必ず、事務局を配置して学生がどのように過ごしているかをみます。

○まるで学生のあら探しをしているかのようですが、一方では学生も法人の電話対応から法人説明会や採用試験の際の学生対応などで法人の印象を強く感じていることでしょう。法人側の対応が横柄であったり、不親切であれば応募をとりやめたり、内定辞退になりかねません。優れた学生を採用したいのであれば、まずは法人のマナーから見直すことも必要です。

第6章　新卒採用の効果的手順

8.「書く」ことから分かること

「書くこと」:CHECK

― 誤字、脱字
― 文脈、文章力、論理性
― 文字の種類
― 文章のボリューム
― 言葉の選び方

１．福祉職場で書くことの重要性

○福祉職場で働く以上、記録は重要な仕事のひとつです。公的資金や国民の保険料が財源である以上、一定の質の保証が求められます。サービス計画を立案し、実施後の記録が必要となり、モニタリング、アセスメント、リスクマネジメント全てに記録が求められます。

○携帯やパソコン上のメールが通信の手段として汎用化される中、ペンをとり、文章を書くことは福祉職場を志望する学生でなくても機会が減っているのが現実です。そのため、読むことはできても意外と書くことのできない人が増えていると言われています。

○そのため、一般企業においても、履歴書やエントリーシート（応募者に志望動機やこれまでの経験を書かせ、履歴書とともに提出させるもの）を手書きで受け付けるところがあるようです。それは、パソコンで入力するのと違い、手書きの場合簡単に書き直すわけにはいかないからです。

2.「書く」ことから分かること

○「書く」ことを見る機会はまず履歴書があります。履歴書には記入日、氏名、連絡先、経歴（学歴、職歴）、賞罰、得意な学科、特技や趣味、要望・希望などその内容は定型的なものとなっています。

○しかし、履歴書はしっかりと見てください。修正テープや修正ペンなどで修正されていないでしょうか。履歴書は修正可能なものではありませんので、間違えた場合、一から書き直す必要があります。また、内容は丁寧に書かれているでしょうか。誤字はないでしょうか。履歴書を見てこれらのミスがある場合、かなり正確性や丁寧さに欠けると判断することができます。

○採用試験に小論文を用いないとしても、学生には原稿用紙1枚（400字程度）でも書いてもらうとよいでしょう。テーマは志望動機や福祉について、自己アピールなど学生が取り組みやすく、書きやすいもので十分です。

○まずは文章全体のボリュームを見ます。最低でも定められた文字数の8割程度は超えていないといけません。少ない場合は思考力や発想力が弱いと判断されますし、超えていれば、構成力が弱いと判断できます。決められた枠の中で、どのように自分の言いたいことをまとめるかが大切です。

○いよいよ文章の中身ですが、まずはどのような言葉が使われているかをみましょう。福祉職場で働いていくのですから、ご利用者や入居者をはじめ、家族との対応にも言葉を選ぶ必要があります。あまりにも幼稚な言葉しか使えないようでは、社会性に欠けます。

○最後に文章全体の内容を見ます。正しい回答はない場合もあります。個々それぞれでよいのですが、過度に正しく書こうと意識するあまり、文脈にずれが生じることがあります。その様な場合は真剣に考えて書いていないことが容易に分かります。

第6章　新卒採用の効果的手順

9.「話す」ことから分かること

> **「話すこと」：CHECK**
>
> ― 姿勢、視線、服装、表情、くせ
> ― 口調、言葉の選び方
> ― 論理性、分かりやすさ、説得力、理解力
> ― 法人への関心度
> ― 仕事に対するひたむきさ
> ― 行動特性

1．外せないコミュニケーション能力

○福祉職場に必要な基礎はコミュニケーション能力といっても過言ではないでしょう。いくら学校での成績が優秀でも、人とコミュニケーションが取れなければ、福祉職場では仕事になりません。しかも、福祉サービスの提供対象者は高齢者や障がい者、そして乳幼児とその家族です。家族や友人と話をする場合とは違う配慮や能力が必要であることはいうまでもなく、高いコミュニケーション能力が求められます。

○コミュニケーション能力は開発ができるものです。世間では多くのコミュニケーション研修やスーパービジョン研修などが実施されています。また、仕事の実践を通じて、利用者やその家族、同僚や先輩から学ぶことが多いのも事実です。

○アメリカの心理学者メラビアンは人がメッセージを受け取る時、「視覚情報（見た目）」が55％、「聴覚情報（口調や早さ）」が38％、「言語情報（話の内容）」が7％の影響を受けているといっています。私たちはコミュニケーションをはかるとき、その話し手の「見た目」や「口調や早さ」から話の印象を大きく受けているのです。

2.「話す」ことから分かること

○面接ではまず、応募者の姿勢や視線、服装、表情、くせなどを見ます。これは面接を経験した方であれば、実感としてお分かりになるでしょう。とても重要な基準となります。面接官同士が基準をすり合わせる必要があります。

○「見た目」や「口調」からどのような視点（例えば、「明るさ」「清潔感」「誠実さ」等）で、評価のレベルはどの基準なのかを明確にします。そして、アセスメントシートにメモ書き程度でも良いので、その評点を選択した理由を書きとめておきます。

○面接の多くはオープンクェスチョンで進みます。そのため、応募者はある程度、話を要約しなければなりません。質問の回答によりその応募者の話しに筋が通っているか、分かりやすさはどうか、「説得力」、「論理性」はあるか、質問の主旨に沿った回答になっているか（「理解力」）などをみます。

○学生は多くの求人票から選択をして応募をしてきます。その応募するきっかけが曖昧だと「こんなはずはなかった」といった不幸な結果を招きかねません。新卒採用の場合は特に短期での離職は避けたいものです。そこで、確認をするのが、志望動機です。「なぜ、○○に応募したのですか」の質問だけでなく、その回答の根拠が分かるまで探索します。正しく質問するからこそ学生の法人に対する関心の強さをみることができます。

○学生生活についての話からは、特に行動特性を知ることができます。学生の回答に対し、５Ｗ１Ｈの質問を重ね（探索インタビューとも言われます）、どのように考え、どのような行動をとり、どのような結果を出せる人材なのかを知ることが出来ます。ここで分かるのが「協働性」「チームワーク」「リーダーシップ」「積極性」「規律性」「思いやり」等です。

○最後に、法人についての質問を受けます。この際、質問の内容が処遇等に固執していれば自己顕示が強いととれ、質問がないと就業意欲の低さがうかがえます。

第6章　新卒採用の効果的手順

10. 内定後のフォローアップ

> **まずは、楽しみにしてもらう**
>
> ― 家族へ安心感を与える
> ― 仲間意識の醸成（連絡・言葉遣いなど）
> ― 学習や課題の機会をつくる
> ― 就業体験 / ボランティア体験
> ― 法人内 / 施設内研修への参加
> ― いつでも相談
> ― 入職時のフォロー体制を準備する

1．内定通知書を送付する

○面接が終了したら、1週間以内に採用の可否を決定します。採用をしない場合にもなんらかの通知が必要です。その場合には丁寧な文書もしくは電話等で連絡をして、不可とした理由を応募者の気持ちに配慮しながら説明をしましょう。

○採用が決定した応募者には「内定通知書」を送付します。そういった文書は大抵の場合、画一的で温かみの感じられない文書が多いものです。そのため、送付状などはひと手間かけて、その応募者のどのような点に期待しているかなど個別に書き記されていると嬉しいものです。また、家族への配慮として、家族用に法人案内や手紙を同封するのも安心感をもってもらう上で効果的です。

2．内定が決まってから

○内定通知書とともに送付する承諾書が返送されてくれば、あとは入職日を待つだけです。学生を採用する場合、その時期は入職の半年以上前から直前までと期間が長い方、短い方までいろいろです。

○せっかく優秀な学生の採用が決定しても、入職日までの期間に心変わりをされ、辞退があっては何の意味もありません。そこで、内定が決まってから、入職日までの期間、法人として取り組むべきことを整理しておきましょう。

○ある程度の人数がそろう時期を見計らい、また、学校の行事予定や実習期間などにも配慮して、内定式を開催します。これは、内定者同士が始めて顔を合わせる機会となり、内定者同士、そして内定者と法人の仲間意識を醸成することができます。フォーマルな形式をとり、格式を持たせることにより、入職の意識を高めることもできますし、カジュアルな形式をとり、職員などにも参加を募って交流を深めるきっかけにすることも可能です。

○また、法人が法人だより、施設だよりなどを発行している場合には送付し、イベント開催時には積極的に参加を募ります。つまり、「あなたは私たちの一員ですよ」というメッセージを伝えます。もしくは、法人で啓蒙している図書を事前に読んでおくよう課題としてお願いをしたり、施設内で開かれる勉強会の資料を送付するなど、入職前の期間を活用して育成をすることも可能です。

○入職前の学生は何かと不安になり、友人が他の法人や企業に内定が決定し、話を聞くと、「本当にこの法人でよかったのか」など迷いがでることも事実です（内定ブルーといいます）。そのために、いろいろな機会を作り、その不安を感じさせない、「安心」して「楽しみ」にしてもらえるような工夫をする必要があるのです。

○入職近くなると、学生は「何時に、どこに、何を着て、お昼ご飯は、履物は」と指示や指定がないと不安になるものです。入職１ヶ月前には、入職日のご案内を送付します。その際には必ず担当者名を記しておきましょう。

○そして入職日からどのようにして迎え入れるかを内容と担当者を決めておきます。

第7章　中途採用・パート採用の効果的手順

●今後もサービスの量の拡大が見込まれる福祉業界では人材の確保は喫緊の課題です。新卒のみの採用ではサービスの需要を満たすことは難しいでしょう。

●その中で、貴重となるのが、社会経験を積んだ転職者です。福祉業界未経験の人材を確保し、育成、定着させていくのは福祉業界全体の社会的使命でもあります。

●転職者の採用にあたっての基本的な考え方からタイプ別の考え方までご説明します。

第 7 章　中途採用・パート採用の効果的手順
1．中途採用は社会的使命

> **中途採用者の特徴**
>
> ― 転職（就職）の動機づけが明確である
> ― 社会人としての素地が身についている
> ― 他の経験（同業種同職種・異業種異職種）を
> 　持っている
> ― 即戦力になりうる

1．社会的な使命
○急速な高齢化や福祉サービスの高度化が予想される中、今後40万人から60万人の人材が必要ともいわれ、「福祉人材確保指針」（第8章5参照）において「潜在的有資格者等の参入の促進」、「多様な人材の参入・参画の促進」が必要であるとされており、国により施策が組まれ、予算化されています。

○つまり、日本の福祉を支える業界として、福祉人材の確保、育成という社会的な使命を負っているといえます。新卒の育成、定着の推進はもちろんですが、就学人口が減少しているのですから、今後はさらに社会経験者（特に女性や高齢者）の採用・育成に積極的に取り組んでいかなくてはなりません。

2．転職するということ
○では、どのようにして社会経験者を採用し、育成していくのかを考えてみます。「転ずる」には「これまでと反対になる。うつる。かわる。」（広辞苑）の意味があります。家庭の事情や健康上の理由等で転職をする場合は別ですが、本人の希望によるものであれば、「職」を「転ずる」とは「これまでの職と反対の職にうつる」と解釈す

ることもできます。例えば、給料が低かったので高いところへ、忙しすぎたので時間に余裕のあるところへ、などです。

○つまり、社会経験者を採用する時には、前職について詳しく話してもらう必要があります。唐突に「何が気に入らなかったのですか」と問うても答えにくいものです。面接官の力量の問われるところですが、これまでの経歴（特に直近3年間程度）について、できる限り詳しく説明してもらい、その人材が「何を求めているのか」を導き出していきます。そして、その求めるものが法人にあるのかどうかを見極め、採用について検討をします。

3．中途採用者の能力を最大に活かす

○社会経験者はすでに前歴などで経験を積んでいますから、新卒採用の職員のように社会人教育をする必要はなく、社会人としてのマナーはひと通りできていると考えて良いでしょう。

○しかし、その人材が福祉職の経験者、未経験者にかかわらず、本人にとっては初めての職場です。おそらく、入職時には何をすればよいのか分からず、緊張もしていることでしょう。入職時にはなるべく早く、規程に関するもの、マニュアルなどを用いて説明をし、法人施設に馴染むよう配慮します。

○また、福祉職場ではさまざまな業務が発生します。つまり、職員が多芸であるほど、その職場は人材が豊富であると言えるのかもしれません。もし、その人材にパソコン能力、数値管理、調整力、交渉力、営業力、文章力、企画力などがあるようならば、そのような能力を発揮する機会を作り、挑戦してもらうことにより、早期に自信をつけ、一員としての自覚をもってもらうことができます。

○今後、社会福祉の人材を育成する使命を負っているという意識を持ち、転職者には「災い転じて福となる」就職となるよう体制を整えていかなくてはなりません。

第7章　中途採用・パート採用の効果的手順
2．はずせない転職の「きっかけ」と「動機」

> 前の職場の：今の職場の
> 　　職員：職員
> 　福祉機器：福祉機器
> 　　処遇：処遇
> 　　技術：技術
> 　　地域：地域

1．動機はなにか
○前項で「転職」についてお話しましたが、その動機にはどのようなものがあるのでしょう。以下に例を挙げてみます。
・法人に関すること
　法人格、事業内容、規模など
・条件に関すること
　雇用形態、給与、労働時間、休暇など
・仕事に関すること
　仕事内容、考え方、配属、役割、担当業務など
・環境に関すること
　通勤、立地など
・職場に関すること
　人間関係、組織体制、研修体制など
　おそらく、まだまだ挙げられることでしょう。もしくは、複数の動機が挙げられる場合が多いのかもしれません。

○転職者はこれまでと反対のものを求めています。つまり、これまでの経験と比較をしているのです。そのため、それらの要望に応えることができるのかどうか、また、どの程度までならば応えることが可能であるのかを面接の際に丁寧に説明します。

2．福祉業界未経験者の場合
○今後は福祉業界未経験者が福祉職場に職を求めてくることが予想されます。ハローワークや福祉人材センター、もしくは友人などから福祉職場について、福祉の仕事についての話を聞き、あるいはヘルパー講習を受講するなどして、ある程度の知識やイメージを持って就職を希望してくることが予想されます。

○福祉業界にはこのような人材に将来の福祉を担う人材として確保、育成していくことが求められます。そのため、雇用のミスマッチとならないよう入職前に福祉職場の特徴について具体的に説明します。

○また、前歴がある場合には他の業界での経験を持っています。業界にはそれぞれに独自の文化や価値観がありますから、特に労働条件に関すること、就業規則、給与規程等については考え方と内容について納得を得ておきましょう。

3．福祉業界経験者の場合
○福祉業界を経験している場合、業界や仕事内容について既に一定の知識を持っています。しかし、同じ自動車メーカーを比較しても企業によってそれぞれに風土や価値観が違うように、福祉職場の場合はその種別によっても違いますし、法人施設によって異なります。

○そのため、経験者には特に経営理念や事業方針を説明します。そして、それらがどのように現場に具現化されているかサービス内容や研修内容についての説明を加えながら理解を深めてもらいます。

第7章　中途採用・パート採用の効果的手順

3．第二新卒人材の確保

> **第二新卒採用者の特徴**
>
> ― 前職を入職後早期に退職
> ― 理由「やりたいことと違った」
> ― 同期の友人は勤続
> ― 学生でもなく社会人でもない
> ― 季節外れの就職活動

1．第二新卒とは

○専門学校や大学を卒業し就職したものの、3年以内に退職した経験の浅い社会人のことを指します。しかし、福祉職場の場合、離職者全体の80％近くが3年未満というデータがあり、問題視されているところでもあります。そのため、福祉業界で考える場合は1年未満と考えたほうがよいのかもしれません。多くの場合、就職したものの「思っていた仕事と違っていた」など雇用のミスマッチが原因です。

○第6章でも述べましたが、新卒の採用者は学校から就職に関する支援を受けています（学校は職業安定法により無料職業紹介事業を許可されています）。早期に退職した場合、学生が学校の先生や就職担当者に報告することがあります。報告を受けた学校担当者は学生の早期退職を快く思いません。次の卒業生にその法人の紹介を避けることは容易に想像ができます。

○しかしながら、雇用のミスマッチにも大きくは二つのタイプがあるようです。
　①就職活動をあまりせず、自分の仕事に対する価値観とは異なる法人に入職してしまった。

②社会性に乏しいなど、本人の理由で職場に適応することができなかった。

○①の場合は特に、本人にとっては、卒業して最初の職場の退職ですから、就職活動をしっかりとしてこなかったことに対しての反省や同期の友人の成長を見て、焦りを感じているようです。そして、採用側から見ると完璧な採用ミスです。面接時に学生の要望を聞き取り、法人施設の説明を十分に行わなかった結果といえるでしょう。

○②の場合には、「就職」すること自体が本人にとって難しかったのかもしれません。もしくは、法人施設側に新卒を受け入れる体制が整っていなかったことが考えられます。

○第二新卒の場合、一度就職しているため、社会人としての基礎は出来ていることが多いのですが、専門的な技術や能力は未熟な場合が多いのも事実です。しかし、社会経験のある中途採用者のように他の法人文化の影響を受けておらず、考え方は柔軟だといえます。

○そのため、機は逸しますが、できる限り新入職員研修と同等の研修をして一から育てるつもりで採用することが必要です。

2．採用にあたって
○「一度目の失敗を繰り返したくない」との思いから、多数の法人に応募し、慎重に就職活動を進める方もあり、面接時には就職活動の進捗状況を確認しておく必要があります。そうして、真剣に就職活動に取り組むからこそ、入職が決定すれば、懸命に取り組む姿が期待できます。

○また、福祉職を志望する貴重な人材です。二度の退職を防ぐためにも、一週間程度の就業体験などの機会を提案したり、同世代の職員と交流を持たせるなど、本人が納得して就職を決めることができるよう配慮したいものです。

第7章　中途採用・パート採用の効果的手順
4．キャリアアップ志向への対応

青い鳥症候群

― 「もっといい職場があるはず」
― 「自分の力を発揮したい」
― 「次はこの資格をとりたい」
― 理想が高い
― 自分が評価されていないと感じている

1．メイテルリンクの青い鳥
○皆さんはメイテルリンクの「青い鳥」を子供のころに一度は読んだ経験があるのではないでしょうか。この物語はチルチルとミチル兄妹が幸せを招くという「青い鳥」を求めて旅に出ます。

○そのため、「もっとよいところ」「もっと活躍できるところ」があるのではないかと転職を繰り返す人材のことを「青い鳥症候群」と言います。

○しかし、皆さんもご存知の通り、この物語は結局この兄妹が「青い鳥」を見つけることができず、家に帰ると飼っていたハトが「青い鳥」だったという結末で終わります。

○福祉職場の場合、サービス提供量はこれからも増え続けますから、当面は売り手市場とも言え、他の業界と比較しても求職者にとって転職のしやすい環境にあります。つまり、「青い鳥症候群」の求職者には好都合なのです。

2．採用にあたって

○このような方の場合、高い理想を持っていることが多く、退職理由を聞くと
　「利用者に○○をしたかったが、施設がさせてくれなかった」
　「上司の能力が低く、ついていけなくなった」
　「これまでは○○をしてきて、できるようになったので、今度は△△に挑戦したい」
　「○○でとても頑張って働いたが、施設が評価してくれなかった」
などといった理由が挙げられます。

○面接をしていると大変能力が高く、向上心ややる気もあり、優秀な人材なのですが、組織の中に入るとやや独りよがりであったり、目立ってしまったりする場合もあるようです。

○そのため、面接の際にはこれまでの職場での経験やどのような苦労体験があるかを聞き出し、その方が自法人の組織にあうのかどうか、現任の職員と協働していけるのかどうかを見極める必要があります。

○また、面接中に少しばかり勘違いしているのではないか（自己評価が高すぎるのではないか）と感じる場合には、少し難しいかも知れませんが
　「なぜチームのスタッフが納得するまでやり遂げなかったのか」
　「同僚や先輩、後輩からどのような人だと言われることが多いか」
などの問いとともに、面接を通して感じたことを本人にフィードバックして差し上げてはいかがでしょう。

○転職を繰り返すことにより、本来の能力が発揮しないまま職業人生が終わることのないように道筋を示して差し上げたいものです。場合によっては「青い鳥」は前の職場（現職の場合は今の職場）にいたのかもしれないとお伝えすることも必要です。

第7章　中途採用・パート採用の効果的手順
5．上位資格取得後の転職

福祉職場と資格の種類

国家資格	公的資格	民間資格
介護福祉士	訪問介護員	音楽療法士
社会福祉士	ケアマネジャー	アロマセラピスト
精神保健福祉士	福祉住環境コーディネーター	カラーセラピスト
看護師／准看護師	福祉用具専門相談員	華道や茶道
理学療法士／作業療法士	臨床心理士	など
言語聴覚士	手話通訳士	
あん摩マッサージ師	ガイドヘルパー	
柔道整復師	など	
歯科衛生士		
管理栄養士／栄養士		

1．福祉職場のキャリア

○福祉職場で活躍する職員のキャリアを無資格から考える時、訪問介護員、介護福祉士、社会福祉主事、介護支援専門員、社会福祉士や精神保健福祉士などがあげられるでしょう。これらの資格を種類別に分けると、介護福祉士、社会福祉士および精神保健福祉士は国家資格、訪問介護員、介護支援専門員は公的資格、社会福祉主事は任用資格です。

○上記の資格の取得方法は多様です。しかし、介護福祉士国家資格は養成校の卒業と同時に国家資格が与えられていましたが、2007年にはその専門性と質の向上を目指して「社会福祉士及び介護福祉士法」が改正され、全ての人に国家試験の受験と合格が義務付けられることが決まりました。

○つまり、介護職員のキャリアを考えると介護福祉士を取得し、介護業務に従事、そして、ケアマネジャーを取得するという一つのラインがあり、また、生活相談員の資格要件が社会福祉主事任用資格相当とされていますから（行政によって解釈が異なります）、社会福祉主事任用資格、もしくは社会福祉士への道も可能性があ

ります。

○しかしながら、福祉職場で活用できる資格はこれらに留まりません。他にも国家資格、公的資格、民間資格があります。整理しておかれるとよいのではないでしょうか。

２．採用にあたって
○福祉職場では、さらにその専門性を高めるため、多くの人が働きながら、通学、通信教育などを受講して、資格取得に向けて挑戦をしています。そして、資格取得すれば、その資格を活かせる職場に働きたいと誰もが思うのではないでしょうか。そして現職でその資格を活用できないのであれば、その活躍の場を探して転職につながります。

○資格取得後の転職者は試験に挑戦し、合格しているのですから達成能力があると考えてよいと思います。そのため、該当するポストに空席がなくとも是非採用しておきたいものです。地域的な応募者状況を考慮して、異動の仕組みなどを工夫する（任期制にするなど）と良いかもしれません。（ある地域では「生活相談員」募集とすると人が集まるそうです）

○また、直接福祉に関係ないと思われる資格でも、生活の場である福祉職場を豊かにする工夫が生まれてくるかもしれません。そのようなチャンスが到来した時には、介護職員として採用をするものの、その資格を有効活用できるような機会を作るぐらいの余裕を持っておきましょう。

○資格を持つということは一芸に秀でており、自己投資をしているのですから、資格活用による対価（処遇）を期待していることでしょう。ただし、資格を取得してからといってすぐにその専門性を発揮した効果が出せるとは限りません。そのため、専門能力・技術の習熟期間の待遇については本人に納得してもらい現任職員とのバランスを考慮します。

第7章　中途採用・パート採用の効果的手順
6．お友達（職員）の紹介

> **友達（職員）に誘われて**
>
> ― 前職で同じ施設だったなどの共通点
> ― 法人および施設の情報を聞いている
> ― 友達と処遇を比較
> ― 友達情報を優先
> ― ○○さんが働いている職場なら
> ― 紹介者に遠慮している場合も

1．有難く高い
○どのような職場でも友人・知人の紹介で就職を決めるという話はよく聞きます。特に医療・福祉職場はその専門性から同じ業界のなかで仕事を探すことになりますし、友人や知人に専門職が多いことからその頻度は高いようです。

○募集広告を出すことなく、法人の人的ネットワークによって転職者を紹介されるというのは大変に有難いものです。人材を紹介してくれるのですから、そのようなネットワークは大切にしたいものです。また、この場合、募集広告を見て応募してくる転職者と違い、採用にいたる確率が高いともいえます。

2．採用にあたって
○紹介者が学校やハローワークなどの公的な人ではなく、法人関係者（職員など）の紹介の場合、前職の同僚であったケースが多く、紹介者は転職者の働き方や能力、価値観を知り、現職場である法人を知っての紹介です。つまり、一次面接が済んでいるものと考えることが出来ます。転職者にも法人についての情報は伝わっていますから、ある程度就職を意識して応募しています。そのため、採用に結びつ

く確率はかなり高いのではないでしょうか。ただし、職員といえども、法人情報が正しく伝えられているかは分かりませんし、仲間を誘いたいがために都合よく伝えられている可能性もあります。そのため、他の転職者と同様に説明が必要です。

○また、紹介した職員はその転職者に対しても、法人側に対しても責任を感じていることでしょう。職員にはきっかけを作ってくれたことに感謝し、面接の結果、双方が合意に達しなければお断りするぐらいのことを説明しておきましょう。

○他に、法人職員の関係者（職員の友達、先輩など）からの紹介もあるでしょう。その関係者は法人職員の働き方や考え方、もしくは人格がよいとの判断で、「この人がいる職場なら」と紹介しているのかもしれません。

○面接する際には該当する職員に施設見学をしてもらうなどの配慮をすることはもちろんですが、職員全てがその職員と同一かといえば、違うはずです。また、その職員と同じ職場に配属されるとも限りません。○○さんがいる職場ではなく、一つの法人施設として仕事を求めているのかどうかを確認しましょう。

○最後に転職者にとって先輩や年長者が紹介者である場合があります。そのような場合は紹介者に義理を感じているかも知れません。紹介してもらったので「断れない」という気持ちで就職が決定したのでは、法人にとっては不本意ですし、転職者本位の就職とはなりにくいものです。紹介者への配慮は紹介を受けた法人や施設がすることを応募者に明確に示し、自分の意思で就職を決定するよう促すことも必要です。

○法人施設のネットワークによる応募者は有難いものです。しかしながら、応募者本人の意志の再確認と紹介者への配慮は欠かせません。

第7章　中途採用・パート採用の効果的手順
7．昼間／平日型（パート）の確保

> ### 土日休日　平日フルタイム
>
> ― 家庭やプライベートを優先
> ― ヘルパー2級取得者
> ― 福祉の仕事に初めてチャレンジ
> ― 子供の就学を期に
> ― 同職種の友人あり

1．福祉職場の重要な人材
○福祉職場では支援や介護業務の重なり、ご利用者の活動の多い昼間帯には厚く人を配置したいものです。特に高齢者サービスを提供する福祉職場ではご利用者の高齢化や医療依存度の重度化、認知症症状の発症などから基準より多く人員を配置しなくては、ご利用者や入居者の安全を確保することが難しくなってきています。

○そういった現状である一方、人材は直接コストであり、全ての職員を正規雇用することは事業収支に負荷がかかるため、全体の人員構成に配慮しながら、非正規雇用職員の配置も必要です。非正規雇用といっても、嘱託職員や契約職員、パート職員等、その形態は法人によってさまざまですが、ここではフルタイムパート、短時間パートに分けて考えます。

2．フルタイムパートの受け入れ体制
○女性職員が7割、8割を超えるといわれている福祉業界では女性の活用なくしては支えられません。また、男性も介護休暇や育児休暇を取得し家庭内の役割を分

担しようとする風潮がでてきています。いまや男女に関わらず、出産、育児や介護等のライフサイクルに配慮した柔軟な処遇体系を整備することが必要です。

○フルタイムパートで職を求める転職者の動機は、図表に例を挙げたようにさまざまです。このような動機を持つ人材にとっても、フルタイムパートで働けることは都合のよい条件といえるかもしれません。

○経験の有無を問わず、フルタイムパートの職員はご利用者や入居者にとって法人の一職員です。「私は非正規職員だから関係ない」という意識を持たれては、ご利用者やご家族への対応に影響が出ます。正規職員と同様の研修の機会を与え、育成する体制を整えます。そして、できる限り正規、非正規の壁を作らないようにする職場環境が必要です。

3．採用にあたって

○非正規職員というとサポート業務と考えられがちですが、時間の都合が合い、能力があれば、多いに活躍してもらえます。採用の際には、「パートだから」という括りで対応するのではなく、正規職員と同等に対応します。転職者は敏感に感じているものです。

○そして、就業形態については本人の要望を出来る限り受け入れる努力をしますが、組織上の必要性からそれが不可能である場合にはその旨を説明します。また、本人の個人的な事情がある場合には差し障りのないよう確認しておきます。

○第4章9「改正パートタイム労働法への対応」でも触れましたが、正規雇用を望み、同等の責任と役割を持って働くことが可能である場合においては雇用形態の変更も可能であることを示し、正規化への動機づけをしていきましょう。

○採用時は非正規職員でも、将来を担う人材となる可能性は大いにあります。

第7章　中途採用・パート採用の効果的手順
8．家事の合間型（パート）の確保

> ## 2～3時間　スポットパート
>
> ― 地域住民の主婦層
> ― 通勤徒歩～自転車圏内
> ― 少し働けたら
> ― 年齢さまざま
> ― 生活観あり
> ― 前職はさまざま

1．仕事の繁閑を分析する

○社会活動というのは常に繁忙期と閑散期があります。福祉の職場でも施設系、通所、在宅、どの仕事をとってみても暇な季節、曜日、時間はあるのではないでしょうか。現場の皆さんは日々の仕事の中で感じながらも、改めて振り返り、業務の繁忙を分析したことがあるでしょうか。

○業務の量を感覚で判断し、人員を配置しているのであれば、それは製造業者が必要生産量を感覚で積算し、工場に人を配置するようなものです。一般の製造業者の場合、複雑な経済環境の変化が大きく影響しますが、福祉職場の場合には業務量に与える大きな影響は少ないと考えられます。

○福祉の職場でも、そのようなメリハリが必要なのかもしれません。忙しい時の業務量に合わせて、人を雇用するというのは経営的には無理な話ですし、最少の人数で乗り切ろうと思うと、事故のリスクを負わなくてはなりません。

○まずは法人施設の中で、施設職員が担当しているが、高度な介護技術を必要と

せず、他の人がその業務を請け負うことにより職員がご利用者の介護、支援に専念できるといった内容の業務を洗い出し、マニュアル化します。（業務量調査など実施して分析するとなお一層明確になります）そして、その業務を短時間パートの職員に担当をしてもらうのです。

○そこで短時間パート（ここではスポットパートと呼びます）の採用を考えます。

2．採用にあたって
○2時間、3時間など短時間の業務をお願いします。そのため、その時間はフルに働いてもらうため、業務内容は定型的なものがよいでしょう。

○定型的な業務を担当いただくため、年齢や性別も幅広く採用することができ、多少働ける日数が少なくてもよいのではないでしょうか。短時間であるため、対象は地域の住民となります。そこで、募集したい時間帯に仕事をしていない人材が地域の中でどのように過ごし、何に興味を持っているのかを調査し、募集をします。

○募集内容は資格を問わない、研修期間があるなど法人の体制を示し、さらには少しの時間でも福祉職場で社会貢献ができることを広くアピールします。法人施設が地域に支えられ、支える状況をイメージして募集をしていきます。短時間の労働ですから、応募者の通勤経路や通勤手段などにも配慮します。

3．スポットパート職員から得られる効果
○職場は職員の年齢の層に厚みができ、また、若手の職員にとっては、人生の先輩であるため、料理や掃除、洗濯のやり方など、たくさんの生活上の知恵をいただくことができます。

○地域の住民に法人施設に入っていただくことにより、施設がより地域に開放され、法人施設は地域に雇用の提供をするという貢献にもなります。

第7章　中途採用・パート採用の効果的手順
9．中途採用者の受け入れ

受け入れ体制を整備する⇒早期戦力化

「気づき」を拾う⇒サービスの質の向上

「不安」「不満」の解消⇒定着促進

１．早期戦力化するために
○中途採用者の受け入れは新卒の場合と違い、時期が不定期です。そのため、入社式や新入職員研修など同期とともに受ける機会を逃したり、入職時に必要な就業規則や給与規程の説明などを割愛してしまうようなことはないでしょうか。

○中途採用者は経験を持っているため、早期に戦力化することが可能です。そのような環境を整えるためにも、必ず受け入れ時の研修体制を整えておきましょう。

○もしも、まだ中途採用者向けの受け入れ体制の構築ができていないのであれば、中途採用の現任職員に入職時に不安であったこと、嬉しかったことなどを聞き取り、受け入れのマニュアルを作成することをお勧めします。

２．「気づき」を活かす
○中途採用者はそれぞれに経歴を持っていますから、見てきたもの、感じてきたものはそれぞれで、価値観、職業観も個々に違います。皆さんにとっては今の職場で「当たり前」としてきたことが、新たに入職してきた中途採用者には変化であり、新

鮮でもあるのです。

○例えば、異業種異職種の経歴を持つ人を採用したとします。その人にとって福祉職場で目にするものは全てが新鮮に映るでしょう。しかしながら、法人のあり方や職員のあり方、挨拶の仕方、電話の対応などは異なる組織に属していたとしても比べることは可能であり、文化の違いに驚いているのかもしれません。

○また、これまで病院で介護職員として働いてきた人が福祉職場に入職すれば、同職種ではあるものの、協働する職員が看護師中心から介護職員中心へと変わり、その役割の違いや仕事のすすめ方は大きく変化します。

○そして、株式会社の経営によるデイサービスから社会福祉法人の経営によるデイサービスに入職してきた介護職員であれば、運営の方法や経営に対する考え方、給与のあり方など、同じサービスを提供するにも関わらず、その違いを感じていることでしょう。

○同業種同職種でも、他の法人や施設での経験があるからこそ、さまざまな気づきがあるはずです。退職してきたからといって、全てに不満があったわけではなく、何かが動機になったとしても、前職に満足していた部分は何かしらあるでしょう。

○さいわい、福祉職場には多種多様な人材が採用されています。だからこそ、入職後、ある程度職場や仕事が分かってきた頃の1ヶ月から3ヶ月程度で面接を担当した職員との面談を設定してはいかがでしょう。

○気づきの多い時期を見計らって、職場の良い点、改善点を忌憚なく意見してもらい、法人や施設の質を向上させるための貴重な意見を逃さずに収集するのです。また、本人の仕事上の不安や悩みなどがあれば率直に話をしてもらい、不安、不満要素を聞き取り、気持ちよく働いていけるよう体制を整えることも可能となります。

第7章　中途採用・パート採用の効果的手順
10. 万が一の退職時

> **職員の退職時対応**
> ― 退職前面接
> ― 雇用契約の関係から個人と組織の関係へ
> ― 復帰の場合の条件提示など
> ― 退職者は法人の情報発信基地
> ― 施設便りや季節のお便りを

1．退職の理由
○どのような場合においても、職員の退職はつきものです。家庭の事情、他にやりたい事が見つかった、職場に適応できなかったなど退職理由はさまざまです。しかしながら、雇用条件を見直すなどの手当てをすることにより、勤続が可能ということであれば、維持したいものです。

○第3章2「不満を解消しやる気を促進する人事管理を推進する」で触れましたが、調査によると職員の退職理由の3位に「法人や事業所の経営理念や運営のあり方に不満があったため」、4位に「職場の人間関係に不満があったため」、5位に「配属の不満」、6位に「ケアの考え方」の相違と挙がっています。

○職員の勤務態度や取り組み姿勢などを日頃から観察していれば、その職員の変化に気づかなければいけません。会話が少なくなった、笑顔が見られなくなった、疲れているようである、欠勤が増えたなど徴候が出ているのではないでしょうか。

2．退職希望が出た時に

〇よく、法人幹部職員が「離職者は建前の離職理由を言うが、本音の理由は分からない」と話しているのを聞きます。「本音」を話せない職場環境であるからこそ離職していくのではないでしょうか。

〇職員から退職の希望が出されたら、もしくはそのような徴候が感じられたら、すぐに面談の設定をしてじっくり本人と話してみましょう。あえて面談を実施して本人の不安や不満、希望を聞くことにより、対策を打ち、勤続が可能となるかもしれません。また、その職員からの不安や不満はそのチームや組織で働く職員が共通に持っていることなのかもしれません。

〇面談を経てもなお退職の意思が変わらない可能性もあります。そのときにはこれまでの仕事のことをまずは話してもらいます。辞める職員であるからこそ、この際、遠慮なく職場の良い点や改善点を聞き出しておくことにより、次の離職者を出さない施策が見つかるかも知れません。

〇また、退職すれば、雇用契約は解除され、入職前の個人と法人の関係となります。しかし、他の法人や他の業界を経験して復職してくれる可能性はいつでもあるものです。法人として復職の道が開けている旨を説明し、復職の際の条件などを説明しておきましょう。

〇これまで法人、施設に働き、貢献してくれたのです。職員のほうも関わったご利用者や入居者のことは退職後も気になるはずです。そういった職員には退職時に法人だよりや施設だよりの送付の希望などをとり、連絡を取り続けてはいかがでしょう。福祉業界を支える人材の一人として、この業界から他の業界で働くにしても、気持ちよく、そして今後も福祉への関わりを持ってもらえるようにしたいものです。

〇最後に、離職するその職員がますます活躍するよう応援のメッセージを送りだしましょう。

第8章　福祉人材の近未来を踏まえて

●日本の戦後の福祉は貧困救済が出発点でした。その後、高度経済成長の中で、医療・福祉の無料化など低負担高福祉時代が続きます。

●一方、少子化のスピードが急速に進み、日本人口全体に占める高齢者の割合は高齢化社会、高齢社会と世界に類をみないスピードで進みます。

●今後の福祉のあり方はどうなるのか、福祉を支える人材はどうなるのかをマクロな視点から紹介します。

第8章 福祉人材の近未来を踏まえて

1. 人口構造の変化と将来予測

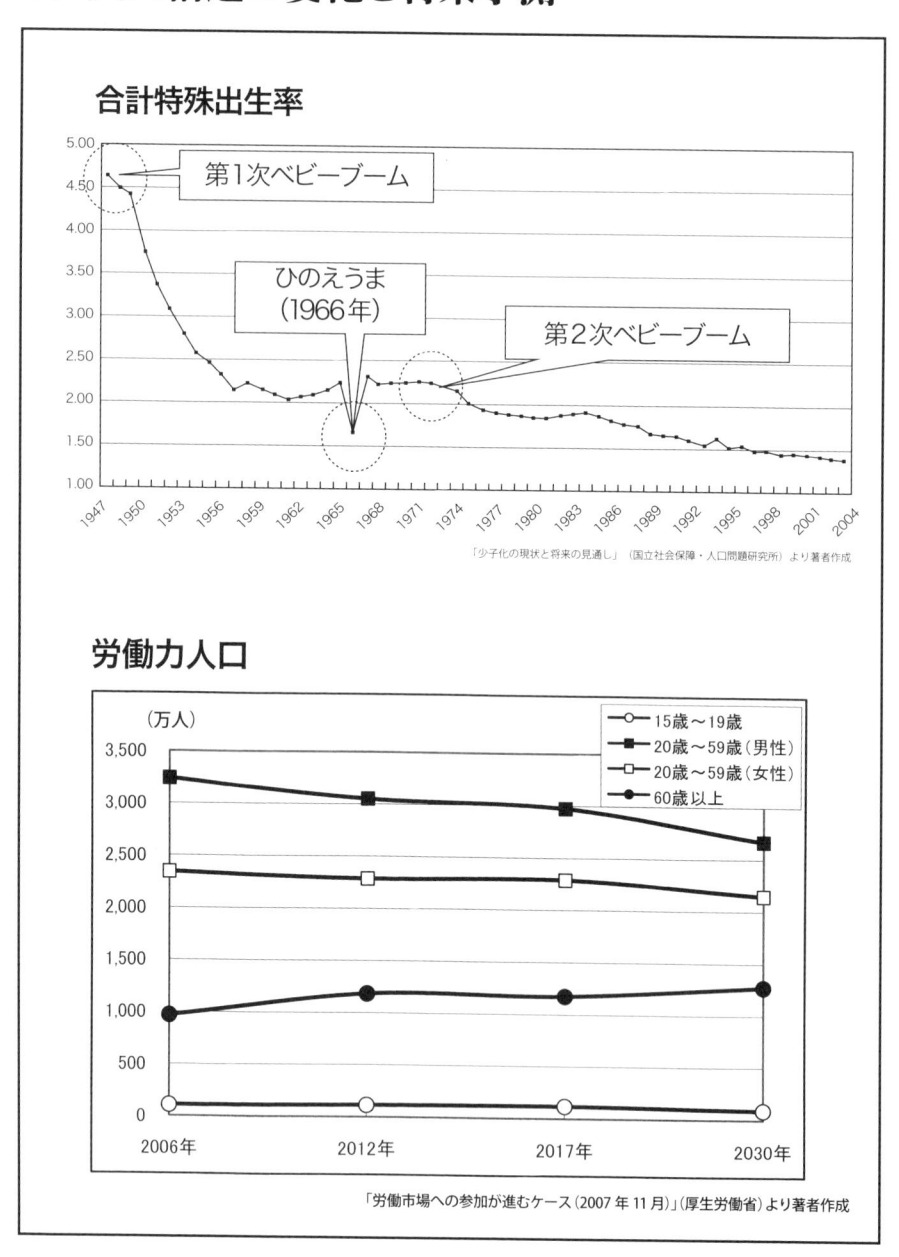

合計特殊出生率

第1次ベビーブーム
ひのえうま（1966年）
第2次ベビーブーム

「少子化の現状と将来の見通し」（国立社会保障・人口問題研究所）より著者作成

労働力人口

（万人）
- 15歳～19歳
- 20歳～59歳（男性）
- 20歳～59歳（女性）
- 60歳以上

「労働市場への参加が進むケース（2007年11月）」（厚生労働省）より著者作成

1．特殊合計出生率の推移
〇日本の人口構造は世界に類をみないスピードで変化しています。人口の構造を全体的に捉える時に、合計特殊出生率の変化をみることにより、傾向を掴むことが出来ます。

〇戦後の第一次ベビーブーム（1947年から1949年）の合計特殊出生率（以下出生率）は4ポイントを超えます。その後徐々に減少し、1966年（昭和41年）「ひのえうま」の年には出生率が激減し、1.58ポイントとなります。

〇その後、出生率は2ポイント前後で安定し、中でも2ポイントを連続して超えていた1971年から1974年は第二次ベビーブームと呼ばれています。1975年を期に、出生率は2ポイントを下回り、1989年には出生率が1.57ポイントとなり、前述した1966年「ひのえうま」の年の出生率を下回るため、「1.57ショック」と呼ばれています。

〇ここで指標となるのが、一つは第一次ベビーブームに出生した世代です。2007年から60歳（定年年齢）となり、2015年には65歳、2025年には75歳となるため、これらの年次を一つの目安として高齢者介護のあり方が検討されています。

2．労働力人口の推移
〇出生率が減少する中で、労働力人口も減少しています。労働力人口とは就業者と完全失業者の合計で、国立社会保障・人口問題研究所の統計によりますと、2005年に6,772万人とピークを迎え、2025年には6,296万人となり、ピーク時から7%減少すると言われています。

〇一方、労働力人口にしめる60歳以上の割合は増え、1990年の11.5%から2025年には19.6%となり、労働者の5分の1が60歳以上となると言われています。今後の労働力を確保するためには、特に60歳以上のシニア層に働きやすい職場とする必要があるのです。

第8章　福祉人材の近未来を踏まえて
2. 社会福祉の変遷

1946	昭和21年	生活保護法
1951	昭和26年	社会福祉事業法
1958	昭和33年	国民健康保険
1959	昭和34年	国民年金法
1960	昭和35年	精神薄弱者福祉法（知的障害者福祉法）
1961	昭和36年	国民皆年金・皆保険制度
1963	昭和38年	老人福祉法
1964	昭和39年	母子福祉法
1982	昭和57年	老人保健法
1985	昭和60年	男女雇用機会均等法
1987	昭和62年	社会福祉士及び介護福祉士法
		精神保健法
1989	平成元年	ゴールドプラン
1992	平成4年	福祉人材確保法
1993	平成5年	福祉人材確保指針
1994	平成6年	エンゼルプラン
		新ゴールドプラン
1995	平成7年	精神保健及び精神障害者福祉に関する法律
1997	平成9年	介護保険法
1999	平成11年	社会福祉基礎構造改革　骨子発表
2000	平成12年	介護保険制度
		成年後見制度改正
2003	平成15年	障害者支援費制度
2005	平成17年	障害者自立支援法
2007	平成19年	改正人材確保指針
		社会福祉士及び介護福祉士法改正
		老人福祉法改正
2008	平成20年	後期高齢者医療制度
		老人保健法廃止

1.「福」と「祉」

○「福祉」の「福」と「祉」は二文字ともに「しあわせ」という意味であることは皆さんご存知でしたか。つまり社会福祉というのは「社会」の「しあわせ」であり、地域福祉は「地域」の「しあわせ」という意味となります。

○日本国民は憲法第25条において「すべての国民は、健康で文化的な最低限度の生活を営む権利を有する。」と最低限度の生活を保障されており、それを保障するのは、第2項において「国は、全ての生活部面について、社会福祉、社会保障及び公衆衛生の向上及び増進につとめなければならない。」と国の責務であるとしています。

○戦後、日本は社会福祉に関する法律を公布してきました。1951年には社会福祉の基盤を定める、「社会福祉法」の前身の「社会福祉事業法」が交付され、その後続いて「国民健康保険法」「国民年金法」、1960年から1964年にかけて知的障がい者、高齢者、母子を対象とした各法が交付されています。

○その後、日本は目覚しい経済成長の時期を迎えます。そのため、医療・福祉にかかる経済的負担はさほど大きな問題ではありませんでした。しかし、1990年にはバブルが崩壊し、経済は低迷します。さらに、1994年には老齢人口が14%を超え、高齢社会に突入します。

○そこで、介護の業務に専門性を持たせ、質の向上を狙って「社会福祉士及び介護福祉士法」が公布され、さらなる人的資源が必要となることから、人材確保法公布、人材確保指針が示されたのです。

○1990年後半には国民の福祉需要に対応するため、社会福祉基礎構造改革として、社会福祉関連の法律が抜本的に見直されました。今後も需要側と供給側の変化とともに法改正が進められていくのでしょう。

第8章 福祉人材の近未来を踏まえて

3. 展望：2015年の高齢者介護

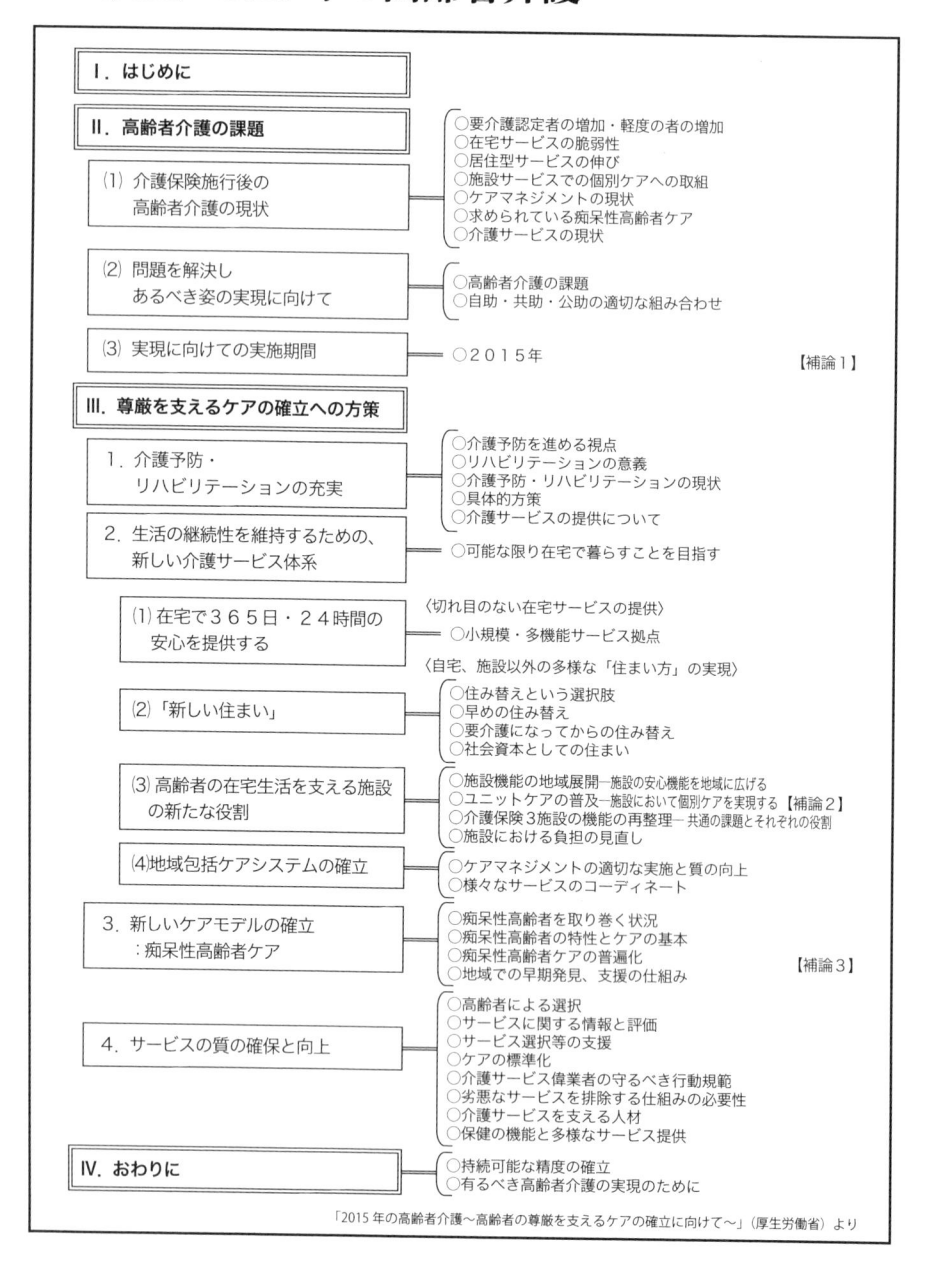

Ⅰ．はじめに	
Ⅱ．高齢者介護の課題	
（1）介護保険施行後の高齢者介護の現状	○要介護認定者の増加・軽度の者の増加 ○在宅サービスの脆弱性 ○居住型サービスの伸び ○施設サービスでの個別ケアへの取組 ○ケアマネジメントの現状 ○求められている痴呆性高齢者ケア ○介護サービスの現状
（2）問題を解決しあるべき姿の実現に向けて	○高齢者介護の課題 ○自助・共助・公助の適切な組み合わせ
（3）実現に向けての実施期間	○２０１５年　　【補論1】
Ⅲ．尊厳を支えるケアの確立への方策	
1．介護予防・リハビリテーションの充実	○介護予防を進める視点 ○リハビリテーションの意義 ○介護予防・リハビリテーションの現状 ○具体的方策 ○介護サービスの提供について
2．生活の継続性を維持するための、新しい介護サービス体系	○可能な限り在宅で暮らすことを目指す
（1）在宅で３６５日・２４時間の安心を提供する	〈切れ目のない在宅サービスの提供〉 ○小規模・多機能サービス拠点
（2）「新しい住まい」	〈自宅、施設以外の多様な「住まい方」の実現〉 ○住み替えという選択肢 ○早めの住み替え ○要介護になってからの住み替え ○社会資本としての住まい
（3）高齢者の在宅生活を支える施設の新たな役割	○施設機能の地域展開―施設の安心機能を地域に広げる ○ユニットケアの普及―施設において個別ケアを実現する【補論2】 ○介護保険3施設の機能の再整理―共通の課題とそれぞれの役割 ○施設における負担の見直し
（4）地域包括ケアシステムの確立	○ケアマネジメントの適切な実施と質の向上 ○様々なサービスのコーディネート
3．新しいケアモデルの確立：痴呆性高齢者ケア	○痴呆性高齢者を取り巻く状況 ○痴呆性高齢者の特性とケアの基本 ○痴呆性高齢者ケアの普遍化 ○地域での早期発見、支援の仕組み　【補論3】
4．サービスの質の確保と向上	○高齢者による選択 ○サービスに関する情報と評価 ○サービス選択等の支援 ○ケアの標準化 ○介護サービス偉業者の守るべき行動規範 ○劣悪なサービスを排除する仕組みの必要性 ○介護サービスを支える人材 ○保健の機能と多様なサービス提供
Ⅳ．おわりに	○持続可能な精度の確立 ○有るべき高齢者介護の実現のために

「2015年の高齢者介護～高齢者の尊厳を支えるケアの確立に向けて～」（厚生労働省）より

○1999年に策定された「ゴールドプラン21」は介護保険導入元年の2000年から2005年までを視野に入れたものでした。その内容は介護サービス提供体制の基盤づくりと認知症高齢者のサービス向上の推進、元気な高齢者づくりの推進、地域支援体制の整備等でした。

○2000年に介護保険が導入され、高齢者福祉のあり方が措置から契約制度へと大きく変わり、サービスの量も質も大きく転換します。介護報酬の見直しは3年毎に実施されるため、2003年は初めての介護保険料の見直し、報酬改定の年となり、3年間の介護保険収支状況、サービス量の増加等が検証されたのです。

○2000年からの3年間で検証されたのは、要介護認定者、特に軽度の認定者が急増していること、施設サービスへの需要が高まっていること、在宅生活の継続を希望する高齢者が住み続けられない状況であること、特定施設など新たな住まいが定着してきていること、また、認知症高齢者への対応がさらに必要であることなどが挙げられました。

○そこで、高齢者福祉サービスの基盤が整備されつつある中、次の急速な高齢化をどう支えていくかが大きな課題となり、厚生労働省は2003年「高齢者介護研究会」を発足させました。ここでは、第1次ベビーブーム世代が65歳以上になりきる2015年をどのように迎えるべきかが検討されています。

○この検討会の中では、介護保険制度は高齢者の自立支援のための制度であり、高齢者が今後、その人らしく尊厳をもって暮らすことを可能とすることを目標とし、2003年3月5日に議論が始まり、10回の検討会を経て、6月25日にとりまとめられました。

○報告書の主題は「2015年の高齢者介護」とありますが、副題として「高齢者の尊厳を支えるケアの確立に向けて」とつけられ、サービス基盤の整備から「質」の向上へと関心が深められています。

第8章　福祉人材の近未来を踏まえて
4. 福祉を支える人材の変遷

```
社会福祉主事・保母・寮母(ヘルパー)
           ↓
     介護の仕事が国家資格に
 (1987年 社会福祉士及び介護福祉士法制定)
           ↓
     定義・義務規定の見直し
     資格取得方法の見直し
       (2007年 同法改正)
```

1．「社会福祉士及び介護福祉士法」制定にいたるまで
○戦後、生活保護を中心とした救済策として出発した日本の社会福祉制度は、国民の慈善と国の措置から成り立っていました。福祉サービスや介護には専門的な知識はなくとも可能であるとの考え方から、直接の担い手は寮母と呼ばれる家政婦でした。

○一方、病気や高齢であることにより、自立した生活が困難な高齢者は病院へ入院することが当たり前とされ、医療処置や積極的治療を必要としない高齢者が家庭で介護、看護が受けられないことを理由に入院する「社会的入院」が多くありました。つまり、看護師が介護の担い手でもあったのです。

○しかしながら、1987年、今後、予想される高齢者、障がい者等に対する介護の需要拡大に対応するためには、専門知識・技術を持ち、高齢者や障がい者の介護・支援・相談にあたることのできる人材の育成と確保が必要であるとの認識から「社会福祉士及び介護福祉士法」の制定にいたります。

○介護福祉士国家試験の受験者数は年々増加しており、平成18年に実施された第18回の受験者ははじめて10万人を越え、現在は14万人超の受験者があります。そのうち、約半数の7万人が合格しています。性別は女性が8割程度と多く、年齢別に見ると、「41歳から50歳」、「31歳から40歳」、「21歳から30歳」の順で多い傾向にあります。

○介護福祉士登録者の推移を見ると、国家試験ルートから3万人～4万人、養成施設ルートから2万人程度の増加が毎年みられています。

2．法の改正
○社会福祉のあり方が大きく変革する中、介護福祉士のあり方についても大きな議論となりました。2006年1月、「介護福祉士のあり方及びその養成プロセスの見直し等に関する検討会」が設置され、8回にわたり議論され、2006年7月5日、「これからの介護を支える人材について-新しい介護福祉士の養成と生涯を通じた能力開発に向けて-」と題した報告書が取りまとめられました。

○その報告書がベースとなり、2007年に「社会福祉士及び介護福祉士法」が改正されました。

○この改正により、定義規程が見直され、介護福祉士の「介護」を「入浴、排せつ、食事その他の介護」から「心身の状況に応じた介護」とされ、義務規定も「介護」の本質を反映して、個人の尊厳の保持、認知症等の心身の状況に応じた介護、福祉サービスの提供者、医師等の保健医療サービス提供者等との連携について新たに規程されました。

○また、資格取得方法が一元化されます。これまでは養成施設ルートで資格取得する場合には国家試験の受験が必要とされていませんが、平成25年1月の試験から資格を取得するためには、新たに国家試験を受験する仕組みとなります。

第8章 福祉人材の近未来を踏まえて
5. 国の方策～新・人材確保指針

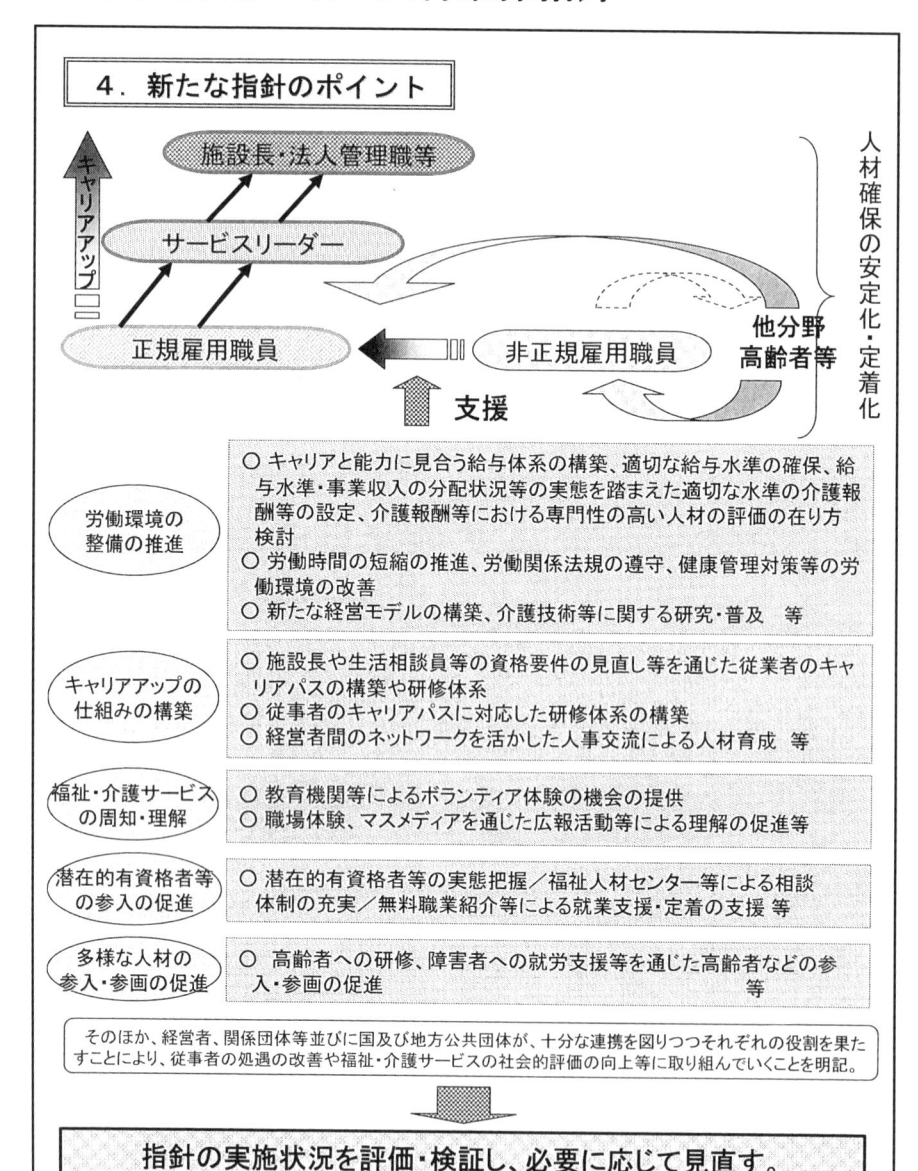

4. 新たな指針のポイント

キャリアアップ

施設長・法人管理職等
サービスリーダー
正規雇用職員 ← 支援 非正規雇用職員
他分野 高齢者等

人材確保の安定化・定着化

労働環境の整備の推進	○ キャリアと能力に見合う給与体系の構築、適切な給与水準の確保、給与水準・事業収入の分配状況等の実態を踏まえた適切な水準の介護報酬等の設定、介護報酬等における専門性の高い人材の評価の在り方検討 ○ 労働時間の短縮の推進、労働関係法規の遵守、健康管理対策等の労働環境の改善 ○ 新たな経営モデルの構築、介護技術等に関する研究・普及　等
キャリアアップの仕組みの構築	○ 施設長や生活相談員等の資格要件の見直し等を通じた従業者のキャリアパスの構築や研修体系 ○ 従事者のキャリアパスに対応した研修体系の構築 ○ 経営者間のネットワークを活かした人事交流による人材育成　等
福祉・介護サービスの周知・理解	○ 教育機関等によるボランティア体験の機会の提供 ○ 職場体験、マスメディアを通じた広報活動等による理解の促進等
潜在的有資格者等の参入の促進	○ 潜在的有資格者等の実態把握／福祉人材センター等による相談体制の充実／無料職業紹介等による就業支援・定着の支援　等
多様な人材の参入・参画の促進	○ 高齢者への研修、障害者への就労支援等を通じた高齢者などの参入・参画の促進　等

そのほか、経営者、関係団体等並びに国及び地方公共団体が、十分な連携を図りつつそれぞれの役割を果たすことにより、従事者の処遇の改善や福祉・介護サービスの社会的評価の向上等に取り組んでいくことを明記。

↓

指針の実施状況を評価・検証し、必要に応じて見直す。

「福祉人材確保指針の見直しの概要」（厚生労働省）より

○社会福祉法第89条に「厚生労働大臣は、社会福祉事業が適正に行われることを確保するため、社会福祉事業に従事者の確保及び国民の社会福祉に関する活動への参加の促進を図るための措置に関する基本的な指針を定めなければならない」とあり、この指針が「人材確保指針」と呼ばれています。

○1992年に福祉人材確保法が公布され、その翌年の1993年に福祉人材確保指針が策定されました。

○その後、社会福祉基礎構造改革、介護保険導入や支援費制度の導入など社会福祉の抜本的な改革により、福祉・介護のニーズは増大し、また、高いサービスの質が求められるようになります。

○さらには人材の福祉離れが始まり、人材の確保が難しく、また、その労働環境や労働条件から離職率が他の業界と比較すると高い水準となり、そのような状況を国、地方公共団体、経営者、関係団体などがそれぞれの役割を果たして解決していくべきであると福祉人材確保指針が新たに見直されました。

○新たに見直された指針のポイントは5つあり、
　①給与や労働時間など「労働環境の整備の推進」
　②施設長や生活相談員等の資格要件の見直しや従事者のキャリアを形成するための「キャリアアップの仕組みの構築」
　③ボランティアや職場体験、マスメディアによる「福祉・介護サービスの周知・理解」
　④福祉人材センター等による「潜在的有資格者等の参入の促進」
　⑤高齢者や障がい者など「多様な人材の参入・参画」
です。

○これらの指針に基づいて、現在国や地方公共団体、関係団体は施策を進めていますが、経営者の役割は法人単位で推進していかなければなりません。

第8章 福祉人材の近未来を踏まえて
6. 求められる介護福祉人材像

> **求められる介護福祉人材像**
> ① 尊厳を支えるケアの実践
> ② 現場で必要とされる実践的能力
> ③ 自立支援を重視し、これからの介護ニーズ、政策にも対応できる
> ④ 施設・地域（在宅）を通じた汎用性ある能力
> ⑤ 心理的・社会的支援の重視
> ⑥ 予防からリハビリテーション、看取りまで、利用者の状態の変化に対応できる
> ⑦ 他職種協働によるチームケア
> ⑧ 一人でも基本的な対応ができる
> ⑨ 「個別ケア」の実践
> ⑩ 利用者・家族、チームに対するコミュニケーション能力や的確な記録・記述力
> ⑪ 関連領域の基本的な理解
> ⑫ 高い倫理性の保持

「これからの介護を支える人材について—新しい介護福祉士の養成と生涯を通じた能力開発に向けて—」より

1. 高齢者介護の変化

○介護保険が導入され、高齢者介護サービスの量は大幅に拡大していきました。今後も高齢化の伸展に伴い、ますますその量は増えていくでしょう。また、事業主体は第2種社会福祉事業に関しては、社会福祉法人等の法人格を持たずとも参入が可能となり、経営主体の制限がありません。

○そのため、特に第2種社会福祉事業へは株式会社等の営利法人からNPO法人、医療法人等その事業主は多様化しており、「介護」の仕事は「福祉」サービスではなく、もはや「介護」サービスだと言われるほどです。

○高齢者介護では、措置から契約になったことにより、利用者の権利意識、コスト意識が高まり、介護の質に対する要求レベルが高くなっていると言えます。

○さらには、施設サービスでは大部屋で一斉に介護していたスタイルが、利用者本位の個別サービスの提供を目指し、ユニットケアや個室へと変化しています。そのような環境では、一人で介護する場面が多くなり、どうしても個々の介護技術に頼

らざるを得ません。

○また、施設サービスから在宅サービスを重視し、高齢者が安心して住み慣れた町で過ごすことができるよう、「住まい」のあり方も変化しています。新たに「高齢者専用賃貸住宅」という仕組みが立ち上がり、施設職員ではない外部の介護サービスを受ける体制も整ってきました。

○医療業界では病院の機能分化が進み、2012年度には介護療養病床は廃止されることが決定しています。医療体制の変化から、介護サービスを受ける高齢者の医療依存度の高度化は避けられません。そのためにも介護職員には医療や他の保健サービスとの連携が求められ、さらには、利用者の最期をいかに介護するか「看取り」の技術も必要です。

○第8章1「人口構造の変化」で紹介した第一次ベビーブーム世代が2025年には75歳となり、高度経済成長を経験した高齢者がサービスを受ける対象となるため、介護サービスのあり方そのものにも変化が必要とされてくるでしょう。

2．障がい者福祉の変化

○2003年に支援費制度が導入され、身体障害、知的障害、精神障害が一元化されたのと同時に、障がい者も同様に介護サービスを受けることが可能となりました。

○そのため、受け皿となるサービス提供者は身体介護のみを実施するのではなく、このような障害の特性についての知識をつけ、対応をしていかなくてはなりません。

○2007年に実施された「介護福祉士のあり方及びその養成プロセスの見直し等に関する検討会」の報告書の中で、「Ⅱ 求められる介護福祉士像」として12の項目にまとめられています。

第8章　福祉人材の近未来を踏まえて
7．外国人労働者の受け入れ

看護師・介護福祉士の資格取得までの流れ

看護師	介護福祉士
インドネシアの看護師＋2年の実務経験	「高等教育機関（3年以上）卒業＋インドネシア政府による介護士の認定」又は「インドネシアの看護学校卒業者」

↓

入国

↓

| 在留期間は上限3年（年1回更新） | 在留期間は上限4年（年1回更新） |

6ヶ月間の日本語研修、看護・介護導入研修

↓

| 病院で就労・研修（雇用契約） | 介護施設で就労・研修（雇用契約） |

↓

| 看護師国家試験を受験 ⇒ 合格 | 介護福祉士国家試験を受験 ⇒ 合格 |

※国家試験に不合格の場合（資格を取得しなかった場合）は、帰国する。
※国家資格の取得後は、引き続き、看護師、介護福祉士として滞在就労が可能（更新あり、上限なし）。

「日インドネシア経済連携協定に基づく看護師・介護福祉士の受け入れ」（厚生労働省）より

○日本の労働力人口が減少することについて第8章1「人口構造の変化と将来予測」でご説明しました。今後急速な高齢化を迎え、福祉サービスの量的拡大が見込まれる中、介護人材の確保は大きな問題となります。

○そこで、政府は2004年からフィリピンと、2005年からはインドネシアと人材交流の交渉を行ってまいりました。この交渉の場となるのが、EPAと呼ばれる経済連携協定です。

○外国人労働者の来日により、日本人の雇用バランスに影響が出るのではないか、外国人労働者の賃金ベースに引きずられ、日本人の給与も引き下がるのではないかなどの懸念があり、2年間で1000名（看護師：400名、介護：600名）の受け入れ枠が設けられ、2007年、日本とインドネシアが先立って合意に達しました。

○そして、2008年、医療・介護業界で始めてインドネシアから将来の看護師、介護福祉士の資格取得を目指したインドネシア人208名が来日。第一陣の候補者数はその予想を大幅に下回る結果となったのです。これには、インドネシアでの募集期間が短かったなど、理由があるようですが、応募者なくしてはこの仕組みは成り立ちませんから、制度そのものや応募、受け入れについても今後見直しがなされることでしょう。

○来日したインドネシア人は日本語研修と看護・介護導入研修を経て、それぞれに雇用契約を結んだ施設に派遣されます。そこで、看護の場合は在留期間の上限3年、介護は4年をもって国家試験を目指します。

○フィリピンからも人材が来日します。受け入れ側として、このような外国人労働者を活かす体制の整備が必要となります。

第8章 福祉人材の近未来を踏まえて

8. これからの医療と介護の方向性

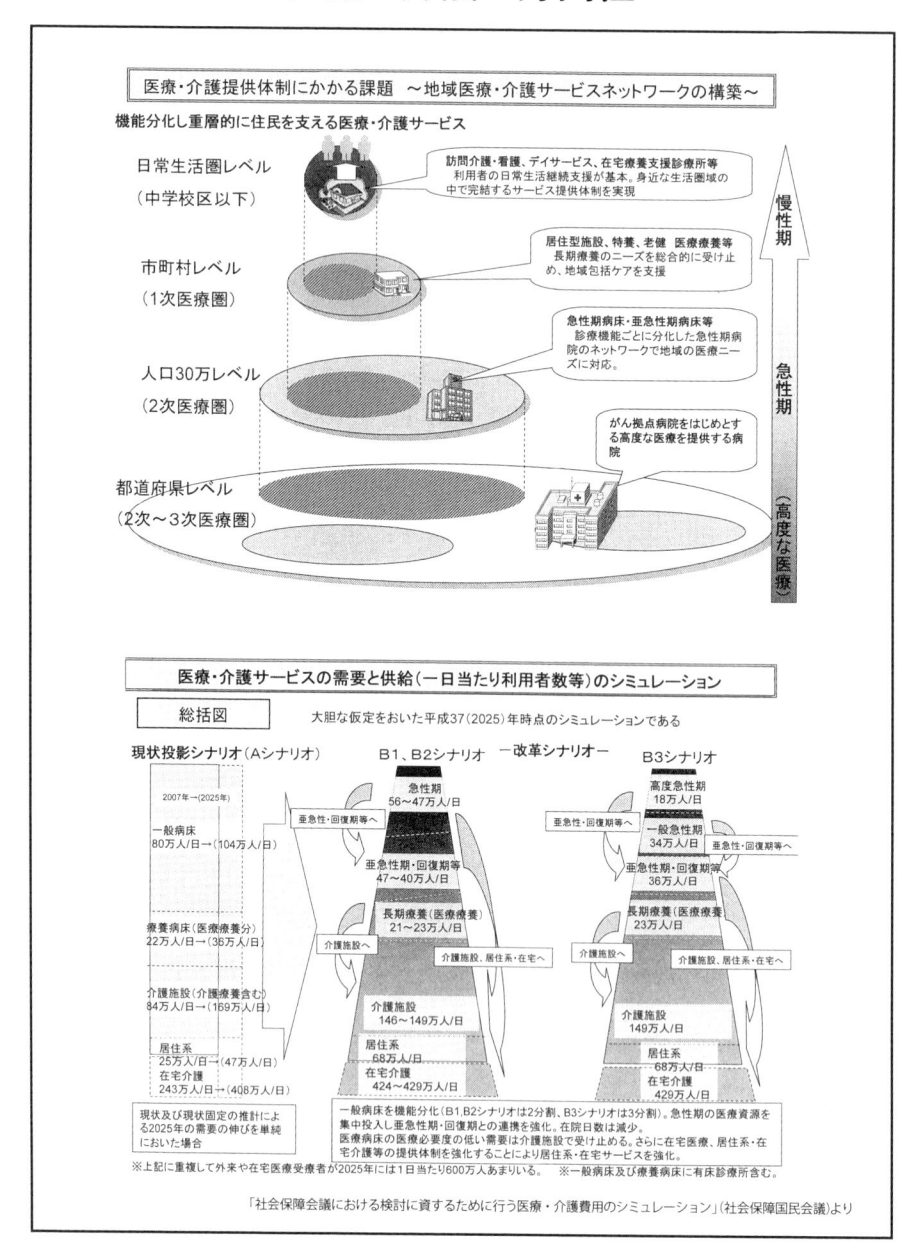

医療・介護提供体制にかかる課題 〜地域医療・介護サービスネットワークの構築〜

機能分化し重層的に住民を支える医療・介護サービス

- **日常生活圏レベル（中学校区以下）**
  - 訪問介護・看護、デイサービス、在宅療養支援診療所等
  - 利用者の日常生活継続支援が基本。身近な生活圏域の中で完結するサービス提供体制を実現
- **市町村レベル（1次医療圏）**
  - 居住型施設、特養、老健 医療療養等
  - 長期療養のニーズを総合的に受け止め、地域包括ケアを支援
- **人口30万レベル（2次医療圏）**
  - 急性期病床・亜急性期病床等
  - 診療機能ごとに分化した急性期病院のネットワークで地域の医療ニーズに対応。
- **都道府県レベル（2次〜3次医療圏）**
  - がん拠点病院をはじめとする高度な医療を提供する病院

慢性期 ← → 急性期（高度な医療）

医療・介護サービスの需要と供給（一日当たり利用者数等）のシミュレーション

総括図　大胆な仮定をおいた平成37(2025)年時点のシミュレーションである

現状投影シナリオ（Aシナリオ）
2007年→(2025年)
- 一般病床 80万人/日→(104万人/日)
- 療養病床（医療療養分） 22万人/日→(36万人/日)
- 介護施設（介護療養含む） 84万人/日→(169万人/日)
- 居住系 25万人/日→(47万人/日)
- 在宅介護 243万人/日→(408万人/日)

現状及び現状固定の推計による2025年の需要の伸びを単純においた場合

B1、B2シナリオ　―改革シナリオ―
- 急性期 56〜47万人/日　→亜急性・回復期等へ
- 亜急性期・回復期等 47〜40万人/日
- 長期療養（医療療養） 21〜23万人/日　→介護施設へ
- 介護施設 146〜149万人/日
- 居住系 68万人/日
- 在宅介護 424〜429万人/日　→介護施設、居住系・在宅へ

B3シナリオ
- 高度急性期 18万人/日　→亜急性・回復期等へ
- 一般急性期 34万人/日
- 亜急性期・回復期等 36万人/日
- 長期療養（医療療養） 23万人/日　→介護施設へ
- 介護施設 149万人/日
- 居住系 68万人/日
- 在宅介護 429万人/日　→介護施設、居住系・在宅へ

一般病床を機能分化（B1,B2シナリオは2分割、B3シナリオは3分割）。急性期の医療資源を集中投入し亜急性期・回復期との連携を強化。在院日数は減少。医療necessityの低い需要は介護施設で受け止める。さらに在宅医療、居住系・在宅介護等の提供体制を強化することにより居住系・在宅サービスを強化。

※上記に重複して外来や在宅医療受療者が2025年には1日当たり600万人あまりいる。　※一般病床及び療養病床に有床診療所含む。

「社会保障会議における検討に資するために行う医療・介護費用のシミュレーション」（社会保障国民会議）より

○ 2008年1月25日、社会保障のあるべき姿について、国民に分かりやすく議論を行うことを目的として、社会保障国民会議が開催されました。

○ 最終報告とともに「社会保障国民会議における検討に資するために行う医療・介護費用のシミュレーション」が示され、2025年に医療・介護ニーズを保障するために必要な量の推計が出されたのです。現状のスタイル維持を推測したシミュレーションAから緩やかな改革が進んだ場合のB1そして最も改革が進んだ場合のB3まで、4タイプが示されています。

○ ここで、まとめられている今後の方向をみてみましょう。
　【急性期医療】
　　・医療の質と効率性の向上による平均在院日数の短縮
　　・病床を急性期、亜急性期、回復期と機能分化させ、人的・物的資源の集中投入による重点化と機能強化
　【慢性期医療】
　　・長期療養の重症化・重度化に対応
　　・在宅医療の充実強化や施設・在宅での介護サービス拡充により、地域での療養生活を目指す
　【介護】
　　・出来る限り住み慣れた地域での生活を可能とするようサービス全体の拡充
　　・住み慣れた地域での生活を支える訪問介護や看護と居住系サービスの充実
　　・施設サービスは個室・ユニット化の推進と小規模型施設の整備
　【在宅医療・地域ケア】
　　・在宅療養や在宅での緩和ケア・看取りのケアを支える在宅療養診療所、訪問看護の充実
　【専門職間の機能・役割分担の見直しと医療・介護を通じた協働体制の構築】
　　・専門職種間の役割の見直しと医療・介護を通じた協働体制の構築

第8章　福祉人材の近未来を踏まえて
9. 就業意識の変化

生き方、考え方について

どのような仕事が理想的だと思うか

男性

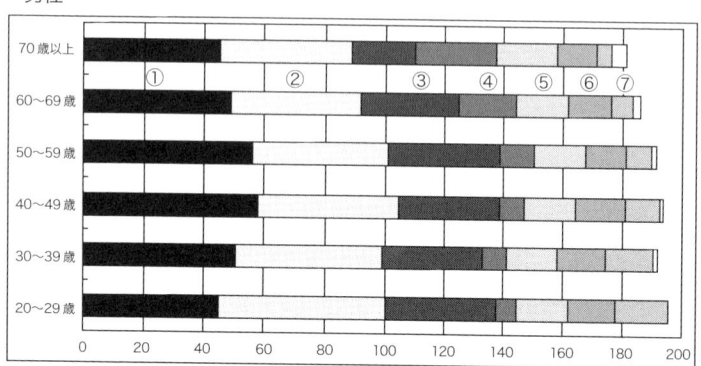

女性

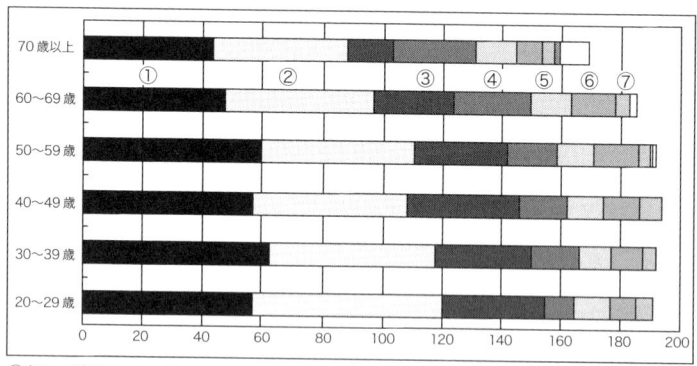

①収入が安定している
②自分にとって楽しい仕事
③自分の専門知識や能力がいかせる仕事
④健康を損なう心配がない仕事
⑤世の中のためになる仕事
⑥失業の心配がない仕事
⑦高い収入が得られる仕事

「国民生活に関する世論調査」(総務省)より著者作成

○左の図表は総務省が毎年実施している「国民生活に関する世論調査」(平成20年)「3．生き方、考え方について (3) どのような仕事が理想的だと思うか」の結果を男女別、年代別にグラフにしたものです。

○これをみると男性の場合、「①収入が安定している」を選択した割合が最も多いのは40歳代 (57.7%)、ついで50歳代 (56.1%)、「③自分の専門知識や能力をいかせる仕事」は20歳代 (37.6%)、50歳代 (37.2%)、逆に「⑤世の中のためになる仕事」を選択した割合が多いのが70歳以上 (20.3%) ついで30歳代 (17.8%) となります。

○一方、女性の場合は、「①同」を選択した割合が多い順に、30歳代 (61.5%)、50歳代 (60.5%)、「③同」40歳代 (37.2%)、20歳代 (34%)、「⑤同」は多い順に40歳代 (14.8%)、70歳代 (14.2%) という結果でした。

○福祉業界の人材を確保する場合、どうしても福祉系職員の価値観 (満足度や不満など) に注視しがちですが、これからは広く人材を確保し、業界全体で人材を確保・育成していかなくてはなりません。そういったことからもこのような国民レベルでの調査は一見の価値があるのではないでしょうか。

○同じ性別、同じ年齢でも家庭がある、ない、もしくは子供がある、ない等でそれぞれに生活そのものの価値や働き方が異なりますが、安定した収入を求める男性40歳代、50歳代には安定した処遇が確保されていなければいけませんし、自分の専門性がいかせる仕事を選択する20歳代 (男女ともに) には、積極的にアピールすることが有効です。

○まずは法人が求める人材を明確にし、上記のグラフで価値観を確認すると求人方法のヒントになります。また、今後は女性と高齢人材の活用が必須ですから、そういった人材の価値観もチェックしておきましょう。

第8章　福祉人材の近未来を踏まえて
10. 国の方策～支援と補助

福利厚生センター	http://www.sowel.or.jp/
中央福祉人材センター	http://www.fukushi-work.jp/
都道府県福祉人材センター	
介護労働安定センター	http://www.kaigo-center.or.jp/index.html
テクノエイド協会	http://www.techno-aids.or.jp/
福祉医療機構	http://www.wam.go.jp/
全国社会福祉協議会	http://www.shakyo.or.jp/
全国社会福祉協議会中央福祉学院	http://www.gakuin.gr.jp/
日本保育協会	http://www.nippo.or.jp/
国際厚生事業団	http://www.jicwels.or.jp/

○福祉を支える公的団体とそのホームページアドレスをあげました。簡単にご紹介します。

○福利厚生センター
福祉人材確保法に基づき、「社会福祉事業従事者の福利厚生の増進を図る」ことを目的として、厚生労働大臣から指定された全国で唯一の法人。雇用主が従業員の人数に応じて掛金を支払うことにより、その従業員はその福利厚生サービスを利用することができます。

○中央福祉人材センター（都道府県福祉人材センター）
福祉人材確保法に基づき社会福祉事業従事者の確保を図ることを目的として設立された、厚生労働大臣（都道府県知事）から指定された全国（各都道府県）で唯一の法人。中央センターは各都道府県の福祉人材センター間の調整や連携を図り、福祉労働力に関する調査や研究を実施する機関であり、都道府県のセンターは社会福祉事業の啓発援助から調査研究、就業する者への研修、就業の援助などを行っています。

○介護労働安定センター
介護労働者の雇用管理の改善等に関する法律（介護労働者法）に基づき、介護労働者の福祉の増進を目的に厚生労働大臣から指定された全国で唯一の法人。具体的には雇用改善に関する指導、相談、雇用改善に関する助成金等の扱い、また、介護労働者向けの研修の実施などをしています。

○テクノエイド協会
「義肢装具士法」や「福祉用具の研究開発及び普及の促進に関する法律」に基づき、福祉用具にかかる啓発、研究、助成金の扱い等を目的とした、厚生労働大臣から指定された全国で唯一の法人。

○福祉医療機構（WAM）
厚生労働省所管の独立行政法人。社会福祉法人や医療法人等に対し、資金の融資や経営支援を行っています。福祉のポータルサイト「ワムネット（WAM－NET）」の運営もしています。

○全国社会福祉協議会（中央福祉学院）
社会福祉法に基づき社会福祉事業の実施や住民参加の援助、調査、普及を目的として設立される都道府県、市町村、地区社協の中央組織。その他、福祉施設、民生員、児童委員、各種協議会等の本部を設置しています。

○日本保育協会
民間保育園の発展と充実を目的とした社会福祉法人。専門図書の発行、研修会開催、調査研究などを行っています。

○国際厚生事業団
国際的な保健・福祉の発展に貢献することを目的として設立された社団法人。外国人人材の受け入れ窓口を担当しています。

補章　人事管理制度改定の実際
「E式考課・昇給管理システム」の導入

● 『E式考課・昇給管理システムR』は、㈱エイデル研究所と㈱アルファシステムが共同開発した社会福祉法人施設向けの人事管理システムです。

● 人事管理制度設計の「コンサルティング」と効果的・効率的運用のための「ソフトウェア」、そして「運用支援」の三位一体の仕組みを通じて、個別法人施設における「トータル人事管理システム」の構築と適正運用をサポートします。

● 2002年（平成14年）に発表以来、全国の多くの社会福祉法人施設で導入、活用されています。

● ここでは、本システムの基本コンセプト（考え方）および特徴を簡単に説明し、具体的事例を資料として紹介することにします。

＜資料１＞

「E式考課・昇給管理システム」の仕組みと特徴

1.「E式考課・昇給管理システム」による人事管理制度の構築

　『E式考課・昇給管理システムR』（以下、「E式システム」と言う）は、「制度設計のコンサルティング」「人事管理ソフトウェア」「運用サポート」の３つの仕組みを通じて社会福祉法人施設のトータル人事管理制度の構築と適正運用をサポートするシステムです。

＜制度設計コンサルティング＞

　㈱エイデル研究所の専門コンサルタントが、個別法人施設の人事管理の現状と課題を診断し、「E式システム」の基本的考え方に基づいてトータル人事管理制度の設計を行います。「人事管理見直しプロジェクト」等を組織していただき、職員のご意見等も伺いながら、合理的で納得性のある制度設計を行います。

＜人事管理ソフトウェア＞

　「E式システム」の効果的・効率的な運用を可能にするのが「人事管理ソフトウェア」です。㈱アルファシステムがソフトウェアの開発を担当しています。個別法人施設の新人事管理制度のデータをマスター登録し、運用いただきます。シンプルで操作し易い使用環境を整え、毎年バージョンアップを行っています。人事考課結果の甘辛調整や絶対考課の相対化、昇給・昇格運用データの管理、昇給・賞与原資のシミュレーション等を瞬時にできるソフトウェアになっています。給与計算ソフトとの連動も可能です。オプション・ソフトウェアとして職員データ・履歴管理を行う『人事管理支援ソフト』、パート等非正規職員処遇管理用の『非正規職員対応版』もご用意しています。

＜運用サポート＞

　導入の窓口、運用、導入後のサポート、さまざまな実務上のソリューション（問題解決）のご相談など、導入からシステムの定着まで一貫したサポート体制を整えています。全国各地に拡がる「E式システム」支援代理店が担当します。経験豊かな専門の担当者による運用サポートで、トータル人事管理制度の適正な運用をサポートしています。

2.「E式考課・昇給管理システム」がめざすもの
(1) 利用契約制度の時代に適合する人事管理システムを構築する

　介護保険制度の導入や障害者自立支援法の施行、保育制度改革等が進められるなかで、社会福祉法人施設をめぐる事業環境は大きく様変わりし、「自立経営」が求められる時代になりました。
　「E式システム」は、利用契約制度の時代に適合する人事管理システムとして、事業収益構造の変化や人材市場の動向等を見据えながら適正で透明性のある職員処遇を実現できる仕組みを提供します。職員のモチベーションの向上や能力開発の促進にも役立つ仕組みになっています。

(2) 適正で公正な評価制度を実現する

　これまでの社会福祉法人施設での処遇体系は、公務員準拠の年功的な運用が一般的でした。措置制度の時代においては、安定的な人事処遇を実現できるというメリットがありました。しかし、この方式では、職務職責の難易度や貢献度を評価し、処遇に反映することができないというデメリットが指摘されてきました。「E式システム」は、「職群役割資格等級」という新しい人事管理の枠組みを構築し、基準に基づく「人事考課」を実施することによって公正な評価と処遇の実現をめざしています。

(3) 総枠人件費の適正化を図る

　「自立経営」が求められるなかで総枠人件費の適正化は避けて通れない課題になっています。「E式システム」は、定期昇給の適正化や諸手当の見直し、賞与（期末勤勉手当）の変動費化等を通じて、総枠人件費管理を行うことができる仕組みを提供しています。処遇の抑制ではなく、納得性のある処遇体系を構築することができます。

(4) 短期間に新人事管理制度の設計と導入を実現する

　新しい人事管理制度の構築は、多くの社会福祉法人施設に共通する課題となっています。「E式システム」は、こうした共通のニーズに対応しながら、個別法人施

設の実情にマッチした新制度の構築（制度設計）を短期間のコンサルティングで実現し、合わせて適正な運用支援を行う仕組みになっています。

＜E式、5つのコンセプト＞
1. 職員の生活保障と必要人材の確保の実現をめざす
2. 職員のやる気や能力開発を促進し、組織の活性化を図る
3. 人件費の適正化と処遇の公平性を実現する
4. サービスの質の向上と効率性の確保に貢献する
5. 事業収支や人材市場の動向に柔軟に適合する

3．制度設計コンサルティングの標準的ステップ

制度設計コンサルティングは、個別法人施設内に「人事管理制度見直しプロジェクト」等を組織し、標準的には次のようなステップで行います。

＜第1回　人事管理制度見直しプロジェクト（コンサルテーション）＞

```
1．プロジェクトの発足に当たって
   ・理事長挨拶
   ・プロジェクトメンバー
   ・「E式考課・昇給管理システム」の主旨
   ・カスタマイズのためのコンサル要領
   ・制度設計プロジェクトのすすめ方
2．法人の概要と人事管理制度の現状確認
   （事前調査資料に基づくヒアリング）
3．人事管理制度の基本構想
   ① 職群・役割資格等級制度の設計
   ② 給与制度の枠組み設計
   ・基本給レンジ表
   ・諸手当の取扱い
   （管理職・役職手当、調整手当、特殊業務手当、資格手当、
   その他生活関連手当等）
   ・稼動手当（超勤手当、夜勤等特別手当）
   ・賞与支給方式
   ③ 契約・パート職員等の処遇について
   ④ 人事考課制度の導入について
```

＜第2回　人事管理制度見直しプロジェクト（コンサルテーション）＞

1．新人事管理制度基本要綱の検討
　①　職群・役割資格等級制度の設計
　　・職群、役割資格等級基準と昇降格基準等について
　②　給与制度の枠組み設計
　　・基本給レンジ表について
　　・職群、資格等級別初任給について
　　・諸手当の取扱いについて
　　・昇給係数（習熟係数・発揮度係数）
　　・賞与支給方式
2．新制度への移行ルールについて
3．人事考課制度の導入について

＜第3回　人事管理制度見直しプロジェクト（コンサルテーション）＞

1．人事管理制度基本要綱の検討
　①　給与制度の枠組み設計
　　・諸手当変更の確認
　　・職員格付けに基づくシミュレーション
　　・昇給方法
　　・賞与支給方式
　　・新制度への移行ルール
　②　職員格付けに基づくシミュレーション
　　・基本給、月例給、年収のシミュレーション
　　・給与構成比の検討
　　・総枠人件費の検討（移行時人件費）
2．人事考課制度の検討
　①　人事考課表の検討
　　・人事考課表（「業務管理評価シート」の設計
　　・考課要素の設計、ウェイト設定
　　・ワーキンググループ発足「業務項目一覧表の策定」
　②　面接制度の留意点
　　・育成面接のすすめ方
　　・人事考課の組織図の検討
3．職員説明会、考課者研修のすすめ方
　＊職員説明会・考課者研修会・人事考課試行実施等のスケジュール

＜第4回　人事管理制度見直しプロジェクト（コンサルテーション）＞

1．新人事管理制度要綱の最終確認
　　・初任給設定
　　・基本給レンジ表設定
　　・その他諸手当変更の確認
　　・昇降格基準表確認
2．新制度移行ルールの確認
　　・現任者の資格等級格付け
　　・現任者の経過年数設定
　　・昇給月調整
3．人事考課制度の導入について
　　・人事考課表の決定
　　・業務項目一覧表
　　・『人事考課の手引き』による概要説明
4．職員説明会

＜第5回　人事管理制度見直しプロジェクト（コンサルテーション）＞

1．新人事管理制度要綱の再確認
　　・給与レンジ表の再確認（指導職下限給与）
　　・新制度移行ルールと移行時調整給の取扱い
2．人事考課制度の導入について
　　・人事考課者（組織図）の決定
　　　―面接者複数制の検討
　　・業務項目一覧表の精査（考課者による精査）
　　・『人事考課の手引き』（考課者用）
　　・『人事考課の手引き』（被考課者用）
　　・人事考課試行実施のスケジュール
3．就業規則、給与規程の改定について
4．人事考課者研修会

<資料2>

社会福祉法人　○○会　新人事管理制度要綱
（「Ｅ式考課・昇給管理システム」の導入）

１．職群（コース）別人事管理制度の導入

　○事業活動の効率的、効果的な運営、専門人材の確保と活用、職員の職業観やライフスタイルの多様化等に柔軟に対応し、適正な人事管理を行うために、職員の採用条件、専門能力等に着眼した雇用形態の多様化と職群（コース）別の人事管理の導入を図る。

　○それぞれの職群を次のように定義し、コース別の処遇を行う。

（１）総合職群（G：ゼネラル）
　・総合職群は、いくつもの職場で幅広い業務経験を重ねながら、自らも積極的に能力開発に努め、幅広い能力と自らの責任において事業経営の中核的人材として活躍と貢献が期待される職群である。
　・将来的に指導職、管理職としての役割行動が求められる職群で原則として新卒者（院卒、学卒、専門学校卒）または一定の専門性が認められる者を処遇する職群として位置付ける。事務職以外の職員は、次の公的資格を有する者またはこれに準ずる資格を有する者とする。
　　　社会福祉士、介護福祉士、介護支援専門員、社会福祉主事、ヘルパー１級、栄養士、保育士
　・総合職群は、勤務地および事業種を超えた配置転換や職種変更に応じられる者であり、原則として勤務シフトに対応できる者を処遇する職群である。
　・組織の必要性および本人の希望等に基づき他職群への移行を行うことがある。

（２）専門職群（P：プロフェッショナル）
　・専門職群は、高度な専門能力を有する人材の確保と適正処遇を行うための職群であり、原則として資格独占業務で自らの責任において専門的知識、技術・技能の向上が期待される職群である。
　・次の職種の者は、専門職群として処遇する。
　　　保健師、看護師、リハビリ職、管理栄養士、歯科衛生士

・組織の必要性および本人の希望に基づき総合職への移行を行うことがある。

（3）一般職群（N：ノーマル）
　・一般職群は、限定された職種において主として定型的・一般的な業務を担当し、実務知識や技能を磨き、担当業務を適切に遂行することが求められる職群である。
　・次の職種の者は、一般職群として処遇する。
　　（1）及び（2）以外の職員
　・必要人材を確保し、適切な処遇を行うために、原則として55歳以下の者を対象として採用し、総合職としての公的資格を取得していないものを処遇する職群として位置付ける。
　・資格取得等下記の条件を満たした職員に対しては、本人の希望に基づき総合職群への登用を認める。
　　〈登用の条件〉
　　　ア．総合職の条件としての公的資格取得者で55歳以下の者
　　　イ．同上の資格取得後1年以上の経験者
　　　ウ．夜勤、勤務地変更、職種変更等が可能な者
　　　エ．人事考課の総合評価で3年以上「B」評価以上の評価を受けた者
　　　オ．上記の条件を満たし、所属長が推薦する者

（4）契約（嘱託）・パート職群（T：テンポラリー）
　・契約（嘱託）職員・パート職群は、次の者を処遇する職群である。
　　　ア　55歳を超えて新たに採用される者、および定年後に再雇用される者
　　　イ　期間限定（3年未満）で採用される者
　　　ウ　時間限定（週40時間未満）で採用される者
　・処遇条件は、別途「非正規職員処遇制度」で定める。

2．役割資格等級制度の導入
　○各職群ごとに役割や責任度、職務遂行能力等に基づく役割資格等級（ジョブ・

グレード）制度を設定し、資格条件および昇格条件を明確にする。
○役割等級基準および昇格基準については別途定める。

(1) 役割資格等級制度の枠組み

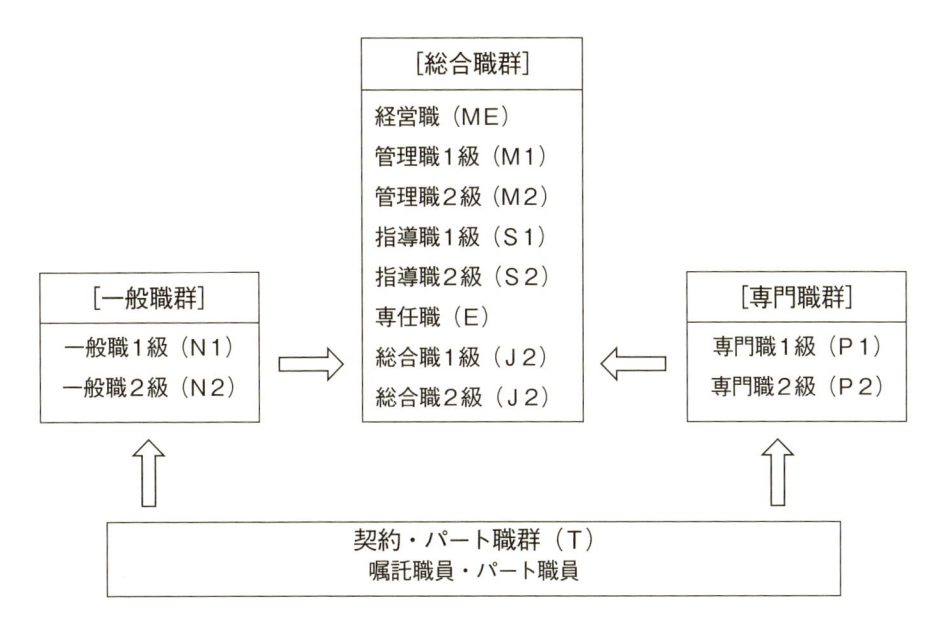

```
                    [総合職群]
                    経営職（ME）
                    管理職1級（M1）
                    管理職2級（M2）
                    指導職1級（S1）
    [一般職群]        指導職2級（S2）        [専門職群]
    一般職1級（N1）  →  専任職（E）    ←   専門職1級（P1）
    一般職2級（N2）    総合職1級（J2）      専門職2級（P2）
                    総合職2級（J2）
                        ↑                      ↑
                契約・パート職群（T）
                嘱託職員・パート職員
```

(2) 役割資格等級と役割行動
　　○各職群の役割資格等級別の期待される役割行動等、役割等級基準は別途
　　　定める。(別表1)

(3) 昇格基準・降格基準は、別途定める（別表2・3）
　　i．昇格は、人事考課等の実績を重視し、上位資格の役割行動基準に到達した者のみとする。
　　ii．J1→S2、S1→M2への昇格に際しては、求められる役割が大きく変わるため、昇任試験・面接等を実施する。

iii. 職群間の異動には、一定の条件を明確にし、組織の必要性を勘案して行う。
iv. 総合職群Ｓ２への昇格は、組織の必要性に基づき一定の昇格枠を設ける。
v. 新卒、中途採用者の初任格付けは、別途定める。
vi. 資格と役職の関係は、原則としてタイトなものとする。
vii. 人事考課等の実績や該当資格の役割行動基準に比し著しく劣る場合は降格させることがある。降格基準は別途定める。

３．役職任用基準

（１）役職は、以下のとおりとする。
　　　総合施設長、施設長、事務長、部長、課長、係長、主任、副主任

（２）資格と職位の関係は、原則としてタイトなものとする。

＜資格と職位対応表＞

職　群	役割資格	職　位
総合職群	経営職（ME）	総合施設長
	管理職１級（M１）	施設長、事務長、部長
	管理職２級（M２）	課長
	指導職１級（S１）	係長、主任
	指導職２級（S２）	副主任

（３）役職任用は３年任期制とし、更新時に本人の意向も踏まえ見直すことがある。なお、見直しは毎年３月末日に行う。

４．中途採用者の格付基準

　　　中途採用者はその年齢・学歴・前歴・保有資格により、専門職・総合職・一般職に区分して処遇する。

（1）総合職・専門職の初任格付基準（前歴評価）
　　別表5の前歴換算表の基準に基づき、「中途採用者格付け換算表」で格付けを行う。

（2）一般職の初任格付基準
　　原則として前歴換算を行わない。特別の事情がある場合には、理事長が認めて前歴を評価することがある。

5．給与制度
　総合職、専門職、一般職の給与は、次の通りとする。

（1）役割基本給レンジ表（範囲給）
　① 役割資格等級ごとに下限額および上限額を定めるレンジ表（範囲給）を設定する。範囲給のレンジ（幅）は下記のとおりとする。
　　・総合職群：J職（40%）、S職（40%）、M職（40%）
　　・専門職群：P職（50%）
　　・一般職群：N職（40%）

＜資格等級別範囲給（レンジ表）＞

資格	下限額	上限額	資格	下限額	上限額
一般職2級	142,000	198,800	一般職1級	156,200	218,680
総合職2級	155,000	217,000	総合職1級	170,500	238,700
専任職	187,400	262,360			
専門職2級	158,000	252,800	専門職1級	189,600	303,360
指導職2級	175,000	245,000	指導職1級	218,750	306,250
管理職2級	250,000	350,000	管理職1級	300,000	420,000
経営職	360,000	504,000			

　経営職については年俸制を適用することができる。

② 初任給は、次の通りとする。

＜職種別・学歴別初任給表＞

学歴	資格	職　種					
^	^	介護員 保育士	介助員 調理員	事務員	管理栄養士	看護師・療法士等	
^	^	^	^	^	^	准看	正看・リハ
大卒	有	175,000		175,000	175,000		185,000
^	無	165,000		165,000			
短大(3年)	有				168,000		175,000
短大 専門学校	有	155,000	155,000		158,000	158,000	
^	無	150,000	150,000	150,000			
高卒	有	145,000					
^	無	142,000	142,000	142,000			

③ 昇格時には昇格昇給を行う。

　　総合職群（2％）、専門職群（2％）、一般職群（2％）

④ 各役割等級内の昇給は習熟係数と発揮度係数で決定する。

（2）役割基本給の昇給

　① 昇給は次の通りとする。

　　　新基本給＝基本給＋昇給額＋昇格昇給

　　　ただし、新基本給が、

　　　ⅰ．給与レンジ表の下限給与に達しない場合は下限給与を新基本給とする。

　　　ⅱ．レンジの上限を超えるものは上限給与を新基本給とする。

　② 昇給額は原則として次の通りとする。

　　　昇給額＝基本給×基準昇給率（額）×昇給係数

　③ 昇給時期、昇給対象者

　　　毎年4月に昇給する。

　　　但し、勤続1年未満は、昇給しない。

　　　55歳を超えた者は、原則として昇給しない。

③ 基準昇給率（額）は次の条件を勘案して毎年決定する
　ⅰ．事業実績（付加価値労働生産性）
　ⅱ．世間水準（民間給与改定実態、人事院勧告等）
　ⅲ．物価水準　　　など
＊基準昇給率の決定機関並びに手続きは別に定める。

④ 昇給係数は次の通りとする
　昇給係数＝習熟係数＋発揮度係数
　ⅰ．習熟比率と発揮度比率

	習熟比率	発揮度比率	対象資格
一般職員	50%	50%	N2、N1、J2、J1、P2、P1、E
指導職員	40%	40%	S2、S1
管理職員	30%	30%	M2、M1

　ⅱ．習熟係数
　　習熟係数＝習熟指数×習熟比率
　　なお、昇格者の新資格における経過年数は、1年とする。

経過年数	習熟指数	習熟係数 一般職員 (0.5)	習熟係数 指導職員 (0.4)	習熟係数 管理職員 (0.3)
1	1.0	0.50	0.40	0.30
2	1.1	0.55	0.44	0.33
3	1.2	0.60	0.48	0.36
4	1.2	0.60	0.48	0.36
5	1.2	0.60	0.48	0.36
6	1.1	0.55	0.44	0.33
7	1.0	0.50	0.40	0.30
8	0.8	0.40	0.32	0.24
9	0.6	0.30	0.24	0.18
10	0.4	0.20	0.16	0.12
11	0.2	0.10	0.08	0.06
12	0..0	0.00	0.00	0.00

iii. 発揮度係数

人事考課ランク	人事考課分布目安	発揮度指数	発揮度係数 一般職員(0.5)	発揮度係数 指導職員(0.6)	発揮度係数 管理職員(0.7)
S	5%	1.5	0.75	0.90	1.05
A	20%	1.2	0.60	0.72	0.84
B	50%	1.0	0.50	0.60	0.70
C	20%	0.8	0.40	0.48	0.56
D	5%	0.5	0.25	0.30	0.35

発揮度係数＝発揮度指数×発揮度比率

iv. 昇給係数…別途定める
v. 昇格昇給（降格降給）
・昇格昇給額は、役割基本給×格率で算定する。
・降格者は、降格前役割基本給から役割資格等級別の昇格率を減額する。
・なお、昇降格は昇降格基準に則り決定する。
vi. 端数処理
　　計算結果の100円未満の端数は、切り上げて100円単位とする。

（3）諸手当について
　諸手当については、役割基本給の導入を前提にして下記の見直しを行う。
　i. 管理職・役職手当については、資格等級別に次の通り支給する。
　　・経営職　　　　　80,000円
　　・管理職1級　　　50,000円
　　・管理職2級　　　40,000円
　　・指導職1級　　　20,000円
　　・指導職2級　　　10,000円
　　＊なお、管理職2級以上は、時間外労働の対象外と見なす。

　ii. 調整手当は、次の通り新基本給に組み入れ、廃止する。

新基本給＝現基本給×1.03％＋3,000円
iii. 職務手当を下記の通り支給する。

・事務（N職）	3,000円
・事務（J職）	5,000円
・相談	12,000円
・介護（N職）	5,000円
・介護（J職）	8,000円
・ケア（ケアマネ）	14,000円
・居宅（ケアマネ）	14,000円
・通所（ケアマネ）	14,000円
・通所（J職）	8,000円
・通所（N職）	5,000円
・看護（正）	18,000円
・看護（准）	18,000円
・リハビリ職	18,000円
・管理栄養士	14,000円

iv. 夜勤手当はN2、J2に格付けされた勤続24ヶ月未満の者は5,000円/回、それ以上の者は6,000円/回とする。

v. その他の手当は、現行通りとする。

6．賞与（期末手当、勤勉手当）

期末手当、勤勉手当は名称を賞与に変更し、下記の通り支給する。

（1）年2回（夏季：6月、冬季：12月）とする。

（2）賞与支給月数は、事業実績を考慮し、その都度決定する。

（3）個別の支給額は、人事考課の評価結果を踏まえて次の支給率する。

人事考課 ランク	人事考課 分布目安	発揮度係数		
		一般職員	指導職員	管理職員
S	5%	120%	120%	120%
A	20%	110%	110%	110%
B	50%	100%	100%	100%
C	20%	90%	90%	90%
D	若干	80%	80%	80%

＊人事考課制度が成熟する当面の間は、支給率を定率とする。

（4）賞与の算式は、次の通りとする。
　　　賞与算式＝
　　　｛（基本給＋扶養手当）×支給月数＋管理職・役職手当｝×賞与支給率

（5）特別の事情（特別表彰、重大なる事故等）がある場合は、上記結果に加算または減算を行う。

（6）試用期間中は、通常勤務者の1/3とする。

（7）中途採用者賞与支給基準
　　　賞与算定期間における勤務月数
　　　① 3ヶ月未満　　　　　　　定額とする（1ヶ月未満は切捨て）
　　　② 3ヶ月以上6ヶ月未満　　期間按分にて支給する（1ヶ月未満は切捨て）

7．新人事制度への移行について

（1）職群・役割等級の設定
　　　新制度の主旨に従って職群の設定を行う。
　　　① 平成〇年3月31日現在の役職等で移行格付けを行う。
　　　② 平成〇年3月31日現在の非役職者は次の通り移行格付けを行う（原則）。
　　　　・総合職1級・・・総合職2級レンジ上限額×0.8以上の者

- 専任職・・・・総合職1級レンジ上限額×0.9以上の者
- 専門職1級・・・専門職2級レンジ上限額×0.8以上の者
- 一般職1級・・・一般職2級レンジ上限額×0.9以上の者

③ 現任の非役職者の経過年数設定は、原則として勤続年数とし、総合職1級、専任職、専門職1級、一般職1級に格付けされた場合は、1/2を乗じた年数（小数点以下は切り捨て）を経験年数とする。さらに、いずれの等級においても経験年数の最大は9年とする。

④ 役職者の経過年数は、原則として現職滞留年数を参照のうえ決定する。

⑤ 移行時特例として、一般職群に格付けされる事務職員のうち、平成〇年3月31日で勤続満5年以上になる者は、総合職に格付けし、②の移行格付け条件を準用する。

（2）新基本給の移行（移行時保障給）

基準内給与の月例給は、現給保障を原則とする。現行給与を場合にはその額を移行時保障給として支給する。なお、移行時保障給は次年度以降の昇給額から償却するものとする。償却率（額）は別に定める。

8．人事考課制度

「業務管理・評価シート」による人事考課を実施する。

（1）人事考課の仕組み

① 人事考課は、全職員を対象に行い、職位階層ごとに人事考課表（業務管理・評価シート）を設定する。
- 様式1　一般職員用
- 様式2　指導職員用
- 様式3　管理職員用

② 人事考課は次の要素で構成し、職位階層毎に具体的な考課要素を設定する。
- 期間中の仕事の成果とプロセス

各人の担当する職務や役割に対する成果とプロセスを評価するもの。
・要素別考課
考課要素別に、各人の仕事の成果、取り組み姿勢や態度、職務遂行能力を評価するもの。
③ 人事考課は、次の定義による評点段階に基づき7段階評価を行う。
　　　S（7点）　　…　　上位者としても申し分ない。大幅に基準を上回った
　　　A（6点）　　…　　余裕をもって基準を上回った。
　　　（5.5点）　…　　基準をやや上回った
　　　B（5点）　　…　　基準通りの成果や取り組み姿勢であった。
　　　（4.5点）　…　　基準をやや下回った
　　　C（4点）　　…　　十分とは言えず、基準を下回った。
　　　D（3点）　　…　　基準を大幅に下回わり、支障があった。
④ 人事考課の時期と期間は次のように定める．
・上期の評価（10月）
　　4月から9月までを評価の対象期間とする．
　　冬の賞与に評価結果を反映させる．
・下期の評価（4月）
　　10月から3月までを評価の対象期間とする。
　　夏の賞与に評価結果を反映させる
・総合評価（4月）
　　上期・下期の評価結果を参考に4月に総合評価を行う
　　昇給・昇格に評価結果を反映させる。

（2）人事考課の手順
　上司評価に先立ち、職員が「業務管理・評価シート」を作成し、面接を行う。
① 「業務管理・評価シート（Do-CAPシート）」の作成
・このシートは、考課期間中の業務への取り組みやその成果を確認すると共に、今後の処置や計画を展望することによって、業務の自己管理を徹底するためのものである。

- 上司評価に先立ち面接を行うことによって、事実に基づく公正な考課を実現するための基礎データを共有化することができる。
② 「業務管理・評価シート」に基づく面接
- 改めて面接時間（15分～30分位）を設定し「業務管理・評価シート」を中心に上司と部下が話し合いを行う。
- 面接後、「上司コメント」を記入し、本人に返却する。
③ 「業務管理・評価シート」の上司評価
- 「業務管理・評価シート」の面接を終え、一次評価、二次評価を行う。
  i. 「期間中の仕事の成果とプロセス」の評価について
   - 考課要素ごとに期間中の「仕事の成果とプロセス」を評価するが、「業務管理・評価シート」の内容および面接の結果は重要な参考資料となる。
   - 「業務管理・評価シート」に書かれた内容以外の成果も評価の対象にする。
  ii. 「要素別評価」の上司評価について
   - 性格や人間性で評価するのではなく、期間中の仕事への取り組み姿勢や態度、意欲を評価する。
   - 現在の職群や役割等級上からみた期待値が基準となる。
   （基準に達していれば「5（B）」評価となる）
④ 最終考課の決定
- 人事考課の最終評価（ランクの決定）は、上司評価の総合点に基づき理事長が決定する。

別表 1　　役割資格等級基準

職群	資格	組織上の職務内容と運用機能	権限と責任	求められる職務遂行能力	求められる成果
総合職群	経営職	法人の理念に基づき、経営的視点から施設等事業単位の目標・方針を策定し、所管する組織目標達成のために統括管理する	極めて広範囲かつ高度な承認・決裁権を有し、所管する組織の業績達成責任を負う	極めて広範かつ高度な企画立案力・決断力・管理統率力などの発揮	所管組織目標の達成
	管理職1級	施設・職場の方針に則り、部門の目標・方針を策定し、組織目標達成のために所属員を統括管理する	広範囲かつ高度な承認・決裁権を有し、所管する組織の業績達成責任を負う	広範かつ高度な企画立案力・決断力・管理統率力などの発揮	所管組織目標の達成
	管理職2級	施設・職場の方針に則り、部門の目標・方針を策定し、組織目標達成のために所属員を統括管理する	高度な承認・決裁権を有し、所管する組織の業績達成責任を負う	高度な企画立案力・決断力・管理統率力などの発揮	所管組織目標の達成
	指導職1級	部門長の下、一定範囲の責任業務を担当し、業務知識や専門知識をベースとし部門の方針に則り、チームの目標・方針を策定すると共に担当範囲内の業務を自己完結的または独力遂行する	担当範囲内での判断・裁量権を有し、責任としては、担当範囲内での業務達成責任を負う	実務上必要な業務知識や専門知識の発揮、指導力・判断力・改善提案力または企画力の発揮	個別責任業務の達成
	指導職2級 専任職	部門長の下、一定範囲の責任業務を担当し、業務知識や専門知識をベースとし部門やチームの方針に則り、担当範囲内の業務を自己完結的または独力遂行する	担当範囲内での判断・裁量権を有し、責任としては、担当範囲内での業務達成責任を負う	実務上必要な業務知識や専門知識の発揮、指導力・判断力・改善提案力または企画力の発揮	個別責任業務の達成
	総合職1級	係長または主任の下、特定範囲の手続き業務や定型業務を自立的に遂行し職場の中核役割を果たす	権限は特にないが、日々の担当業務の判断・裁量を行う責任としては、担当範囲内での業務達成責任を負う	実務上必要な業務知識や規律性・協調性・積極性・責任性などの仕事への旺盛な取組姿勢	担当業務の達成

		職務概要	権限・責任	必要能力	成果責任
	総合職2級	係長または主任の下、特定範囲の手続き業務や定型業務を自立的に遂行する	権限は特にないが、日々の担当業務の判断・裁量を行う。責任としては、担当範囲内での業務達成責任を負う	実務上必要な業務知識や規律性・協調性・積極性・責任性などの仕事への旺盛な取組姿勢	担当業務の達成
専門職群	専門職1級	部門長の指揮下で、極めて高度専門分野における担当責任分野を持ち、広範かつ高度専門分野の知識・技術を用いて信頼性の高い業務を遂行する	担当範囲内での判断・裁量権を有し、責任としては担当範囲内での業務達成責任を負う	広範かつ高度な専門知識・技術・技能、豊富な実務経験に基づく知識の発揮、判断力の発揮	個別責任業務の達成
	専門職2級	部門長の指揮下で、専門分野における一定範囲の担当責任分野を持ち、専門分野の知識・技術を用いて信頼性の高い業務を自立的に遂行する	権限は特にないが、日々の担当業務の判断を行う。責任としては、担当範囲内での業務達成責任を負う	実務上必要な専門知識・技術・技能並びに、規律性・協調性・積極性・責任性などの仕事への旺盛な取組姿勢	担当業務の達成
一般職群	一般職1級	係長または主任の下、特定範囲の定型業務を遂行し職場の中核的・模範的役割を果たす	権限は特にないが、日々の担当業務の判断を行う。責任としては、担当範囲内での業務達成責任を負う	実務上の高度に熟練度の高い知識、技術・技能や規律性・協調性・積極性・責任性などの仕事への旺盛な取組姿勢	担当業務の達成
	一般職2級	係長または主任の下、特定範囲の定型業務を自立的に遂行する	権限は特にないが、日々の担当業務の判断を行う。責任としては、担当範囲内での業務達成責任を負う	実務上必要な業務知識、技術・技能や規律性・協調性・積極性・責任性などの仕事への旺盛な取組姿勢	担当業務の達成

別表 2　昇格基準表

昇格の種類	申請者	決裁者	申請の条件	審査基準
一般職2級 ↓ 一般職1級	所属長	理事長	一般職1級の資格要件を有するもの 一般職2級の資格滞留5年以上で直近3年間2回以上「A」以上で「C」以下がないこと	面接
一般職1級 一般職2級 ↓ 総合職2級	所属長	理事長	総合職2級の資格要件を有するもの 夜勤、勤務地変更が可能なもの 資格滞留年数が3年以上で直近3年間「A」以上又は、資格滞留4年以上で直近3年間が2回以上「A」で「C」以下がないこと	面接
総合職2級 ↓ 総合職1級	所属長	理事長	総合職1級の資格要件を有するもの 資格滞留年数が3年以上で直近3年間「A」以上又は、資格滞留4年以上で直近3年間が2回以上「A」で「C」以下がないこと	面接
専門職2級 ↓ 専門職1級	所属長	理事長	専門職1級の資格要件を有するもの 資格滞留年数が5年以上で直近3年間「A」以上又は、資格滞留6年以上で直近3年間が2回以上「A」で「C」以下がないこと	面接
総合職1級 専門職1級 専門職2級 ↓ 指導職2級 専任職	所属長	理事長	指導職2級の資格要件を有するもの 資格滞留年数が3年以上で直近3年間「A」以上又は、資格滞留4年以上で直近3年間が2回以上「A」で「C」以下がないこと	面接／レポートの提出
指導職2級 専任職 ↓ 指導職1級	所属長	理事長	指導職1級の資格要件を有するもの 資格滞留年数が3年以上で直近3年間「A」以上又は、資格滞留4年以上で直近3年間が2回以上「A」で「C」以下がないこと	面接／レポートの提出
指導職1級 ↓ 管理職2級	所属長	理事長	管理職2級の資格要件を有するもの 資格滞留年数が3年以上で直近3年間「A」以上又は、資格滞留4年以上で直近4年間が3回以上「A」で「C」以下がないこと	面接／レポートの提出
管理職2級 ↓ 管理職1級	所属長	理事長	管理職1級の資格要件を有するもの 資格滞留年数が3年以上で直近3年間「A」以上又は、資格滞留4年以上で直近4年間が3回以上「A」で「C」以下がないこと	面接／レポートの提出
経営職	所属長	理事長	管理職1級で経営職の資格要件を有するもの	面接／レポートの提出

別表 3　降格基準表

申請者	決裁者	申請の条件	審査基準
所属長	理事長	同一資格滞留2年以上で直近2年間連続して「D」評価を受けたもの	所属長(施設長)と法人本部と協議し理事長が決定する。

別表 4　処遇変更基準表

処遇の変更	申請者	決裁者	申請の条件	審査基準
総合職→一般職	所属長	理事長	総合職の要件である、夜勤、勤務地変更が不可能となったもの	所属長(施設長)と法人本部と協議し理事長が決定する
一般職→総合職	所属長	理事長	かつて総合職であって総合職の要件である、夜勤、勤務地変更が可能となったもの	面接／レポートの提出

別表 5　中途採用者（総合職・専門職）の前歴換算表

格付け	前歴換算比率
専門職群	最高80％
総合職群	最高60％
一般職群	原則として0％

ⅰ）一般職群は、原則として前歴評価を行わない。

ⅱ）対象となる前歴は20年までとする。

ⅲ）期間の最終計算で1年未満は切り捨てる。

<資料3>

社会福祉法人　○○会　人事考課の手引き

　この手引きは、定期的に担当業務を振り返り、今後の業務目標を明確にすると共に、公正で、適正な人事考課を実現するために策定したものです。
　人事考課の主旨と手順をよく理解したうえで、それぞれ本人評価、一次評価、二次評価を期日までに行って下さい。

1．人事考課の目的と仕組み
（1）人事考課の目的

・人事考課というと、上司が独断と偏見で部下をこっそり評価するという暗いイメージを想像してしまう人がいるかも知れませんが、当法人で行う人事考課は決してそういうものではありません。また、職員に序列をつけ、賃金や賞与に差をつけるために行うのが人事考課だといった受けとめ方もありますが、これも人事考課の正しい理解とはいえません。

・人事考課は、一定の基準（評価基準）に基づいて、一人ひとりの職員の期間中の仕事への取り組みや活動を振り返り、その成果やプロセスを客観的に評価しようとするものです。人事考課の評価基準（考課要素）は法人が求める"期待する職員像"を具体的に示すものであり、その基準にしたがって職員の「仕事の成果」や「仕事のプロセス」「仕事に求められる能力」を適正に評価します。

・当法人における人事考課は、本人（自己）評価と上司評価（一次、二次）で行います。そのことによって、期間中の職務行動やその成果の公正な評価の実現を目指します。職員は、現在の自分について優れている点や改善点を具体的に正しく自己認知することができるようになり「努力の方向性」が明確になります。

・人事考課の大きな目的の一つが職員の能力開発への資料とすることです。法人としては職員の育成や配置、処遇等の基礎データとして活用し、公正な人事管理の実現を目指します。

（2）人事考課の仕組み
① 人事考課は、正規職員を対象に行い、職種・職位階層ごとに人事考課表を設定します。
・様式1　一般職員用（対象資格…専任職、総合職、専門職、一般職の資格等級にある職員）
・様式2　指導職員用（対象資格…指導職の資格等級にある職員）
・様式3　管理職員（対象資格…管理職の資格等級にある職員）

② 人事考課は次の要素で構成し、職位階層毎に具体的な考課要素を設定します。
・仕事の成果（実績考課）
各人の担当する職務や役割に対する成果を評価するもの。
・仕事のプロセス（情意考課）
各人の仕事への取り組み姿勢や態度を評価するもの。
・職務遂行能力（能力考課）
各人の担当する職務に必要な知識、技能を評価するもの。

③ 人事考課（最終考課）は、次の定義による評点段階に基づき7段階評価を行います。
　　S（7点）　　上位者としても申し分ない。大幅に基準を上回った。
　　A（6点）　　余裕をもって基準を上回った。
　　　（5.5点）　基準をやや上回った。
　　B（5点）　　基準通りの成果や取り組み姿勢であった。
　　　（4.5点）　基準をやや下回った。
　　C（4点）　　十分とは言えず、基準を下回った。
　　D（3点）　　基準を大幅に下回わり、支障があった。

④ 人事考課の時期と期間は次のように定めます。
・上期の評価（10月）

4月から9月までを評価の対象期間とします。

（冬の賞与に評価結果を反映します）

・下期の評価（4月）

10月から3月までを評価の対象期間とします。

（夏の賞与に評価結果を反映します）

・総合評価（4月）

今年度上期・下期の評価結果を参考に4月に総合評価を行います。

（昇給・昇格（降格）・異動等に評価結果を反映します）

2．人事考課の手順と留意点
（1）「業務管理・評価シート」の作成と面接

- 上司評価に先立ち、職員が「業務管理・評価シート」を作成し、面接を行います。
- このシートは、考課期間中の業務への取り組みやその成果を確認すると共に、今後の処置や計画を展望することによって、業務の自己管理を徹底するためのものです。
- 上司評価に先立ち面接を行うことによって、事実に基づく公正な考課を実現するための基礎データを共有化することができます。
- 「業務管理・評価シート」は、次のような手順で記入し、上司との面接を行います。
    ① 6ヶ月間の主要業務内容、取り組んできた事項（アピールしたい事項）を、それぞれ箇条書きに簡潔に記述する（「職種別業務項目一覧表」参照）。
    ② 個々の業務項目毎にウェイトを付け、合計が合計欄の数値（100％）になるようにする。なお、ウェイトは、その業務に掛けた時間の割合等を目安に記入する。
    ③ 個々の業務について評価基準（本人評価の評語…◎、○、△）に従って自己評価を行う。
    ④ 具体的な成果または問題点、反省点（◎、○、△の自己評価の根拠

となるもの）を業務項目ごとに具体的に記述する。
⑤ 問題点や反省点について、当面の処置を具体的に記述する。
（実際に行った処置およびこれから行おうとする処置について）
⑥、⑦ これからの業務上の重点取組み課題（何を）を３項目記載し、それに対応する取組上の留意点・計画（どの様に）を具体的に記述する。とくに「⑦」は具体的に記述する。なお、テーマが評価期間を超えて継続する場合はその旨記載する。（「⑧ 能力開発上の取組み課題」も同様とする）
⑧ 能力開発上の取組み課題については、専門性に関するテーマ、組織性に関するテーマをそれぞれ１項目ずつ具体的に（何を、どの様に）記述する。
　　なお、次のような具体例が想定される。
　ⅰ　専門性に関するテーマ
　　　福祉サービスの理念や動向に関する事項、対人援助サービスの基本技術や技能に関する事項、利用者のＡＤＬやアセスメントに関する事項、ケアプラン等に関する事項、認知症やユニットケアに関する事項、生活支援やリクレーションに関する事項、地域との連携に関する事項、事故防止や安全・リスクマネジメント等に関する事項、感染症予防や予防医学等に関する事項、公的資格取得等に関する事項など。
　ⅱ　組織性に関するテーマ
　　　サービスマナーに関する事項、業務の効率的運営やコスト削減に関する事項、報告・連絡・相談・記録等に関する事項、他者や他部門との連携やチームワークに関する事項、問題解決や改善に関する事項、会議やミーティングに関する事項、上司の補佐に関する事項、パソコンの技術向上等に関する事項など。
⑨ 裏面の評価要素について、過去６ヶ月の業務の成果とプロセスを振り返り、「評価の着眼点」に留意し評価基準（本人評価の評語…◎、○、△）に従って自己評価を行う。

⑩ 記述したところでの評価期間における感想（記入時本人コメント）を記入し、上司に提出する。
　なお、この「記入時本人コメント」は、評価期間における感想や、仕事や職場に対する自分の意見、自分の生活上のことなど、自由に書くことができる。（この欄は評価の対象外）

（2）「業務管理・評価シート」に基づく面接は次のように行います。
・シート提出後、改めて面接時間（30分〜40分位）を設定し行います。
・上司は、あらかじめ「業務管理・評価シート」に目を通し、日常観察の記録や印象などと照らし合わせて、上司としての評価や疑問点、要望事項等をまとめて面接に臨みます。
・面接では、職員が「業務管理・評価シート」を説明します。その上で、上司として評価できる点や改善点等を指摘し、話し合いを行います。
・必要があれば、お互いの合意のうえ赤鉛筆等で加筆修正します。
・面接後、「⑩上司からのアドバイス」を記入し、本人に返却します。
・上司として本人の評価ランク（S、A、B、C、D）は、面接時には話さないように注意します。

（3）面接の心構えと基本技法
① 面接前にはしっかり準備します。
・面接対象者（部下）について良く調べておきます。
・こちらから伝えるべきことを整理しておきます。
・面接の場所、時間を設定します。
・部屋の中では、面接時に座る位置などにも配慮します。

② 心構えは「積極的傾聴」
・共感的理解・・・相手の立場に立って聴く
・受容の精神・・・相手を受け入れる
・誠実な態度・・・自分の心を偽らない

③　導入時は、共に話し合うという雰囲気を作りに配慮します。
  ・まず目線を合わせることです。
  ・最初の言葉でその後の雰囲気が大きく変わります。まず部下の労をねぎらい、打ち解けやすい話題から入るようにします。
  ・最初の質問は、答えやすい質問とし、相手の口をなめらかにします。
  ・面接の主旨説明など、こちらからも情報提供を心がけます。

④　話し合いの核心では、部下が考え、感じていることを話させます。
  ・問いかけは、効果的に行います。
  ・「積極的傾聴」の姿勢で聴くことを常に心がけます。
  ・部下の考えを聞いたあと、上司としての考えかた、意見、要望も述べるようにします。
  ・今期の目標について話し合うようにします。
  ・あとは時間の許す限り、将来への希望、考えかたなどをたずね、今後の指導、自己啓発などについて話し合います。

⑤　まとめと確認をして終了
  ・話し合った内容を確認し、その内容を記録します。必要に応じて上司に報告します。
  ・部下との約束は忘れないこと。
  ・最後に、励ましの助言を贈ります。

（4）人事考課（上司評価）の手順

「業務管理・評価シート」に基づく面接を行った上で、上司（一次評価者、二次評価者）は、次の手順で上司評価を行います。
①　一次評価者による「業務管理・評価シート」の評価
  ・評価は、「業務管理・評価シート」の上司評価欄の「一次」の「素点」欄に上司評価の評点（7〜3）に従って評価を行った後、ウェイト×素点を「評点」欄に記入します。

・一次評価者は、本人評価に影響を受けることなく、事実に基づき公正な評価を心掛けることが大切です。

② 考課の対象
・考課の対象となるのは期間中の成果と職務行動です。
・職員の性格や人間性等を評価するのではありません。期間中どのような職務行動があったかを事実に則して振り返り、その成果や取り組み姿勢、態度・意欲、能力を評価要素毎に評価して下さい。
・勤務時間外の私的な行動は、原則として考課の対象になりません。
・一つの職務行動ですべての考課要素をプラスに評価したり、マイナスに評価することがないよう留意し、それぞれの考課要素ごとに評価を行って下さい。
・どの段階で評価するかは、段階の定義をよく理解して行って下さい。当該職位に期待される基準をクリア（達成）すれば「5」で評価します。

③ 評価の留意点
　ⅰ．「仕事の成果」（表面）の評価について
・期間中の「仕事の成果」を評価しますが、「業務管理・評価シート」表面上部の記述内容および面接の結果は重要な参考資料となります。
・「A」欄の評価は、本人が記入した内容だけでなく、日常観察や面接の結果を踏まえて、期間中の成果や取り組みを総合的に判断して行なってください。
・次の2つの条件のいずれかの場合には、プラス1（1ランク上）の評価を行います。（たとえば、「5」評価を「6」にする）
　ア．現在の職位階層で期待される以上の仕事にチャレンジした場合（「チャレンジ・プラス・ワン」のルール））
　イ．不可抗力（外的条件）等によって仕事にマイナスの影響が出た場合および就業規則等で認められている休暇や休日を取得することによって仕事にマイナスの影響が出た場合には、「B」評価を行うこととします。
・「B」欄（プラン）の評価は、「業務上の重点取組課題」および「取組上

の留意点」「能力開発上の取組課題」を総合して行ないます。あらかじめ上司が示した次期の「部門の方針・目標」との整合性を考慮しながら、項目内容の妥当性と挑戦意欲の両面から評価します。
※資格等級や役割からみて妥当性のない項目が設定がなされていた場合には面接を通じて修正するよう指導することが大切です。面接時に修正する場合は、本人の納得と合意を前提とし、筆記用具の色を変えるなど、修正したことがわかるよう記録を残します。ただし、評価には修正前のものを対象に行います。

ⅱ 「仕事のプロセス（要素別評価）」（裏面）の評価について
・基本は「3つの選択」と言われています。
・1つ目の選択は「行動の選択」。期間内の職務行動のなかで、評価対象になる行動をピックアップします。
・「行動の選択」は、間違いない事実であるか、期間内に違いないか、をしっかり確認する必要があります。
・2つ目の選択は「要素の選択」。ピックアップした行動を、考課要素と結び付けます。
・1つよければすべてよし（またはその逆）にならないよう留意する必要があります。
・一連の行動のようでも、実は複数の行動に分解でき、それぞれ別の考課要素による評価の対象となる場合がありますので、注意が必要です。
・3つ目の選択は「段階の選択」。行動と評価要素を結びつけたら、どの段階で評価するかを考えます。「対象者に求められる標準」が「5」となります。
・能力考課は、「保有能力」を問うものですが、期間中の「発揮能力」から判断することになります。ただし、能力があっても外的要因で発揮できない場合を考慮する必要があります。
・当該職員の資格等級で期待される基準をクリアしていれば「5」の評価となります。
・また能力考課は、「対象期間の最終日現在」の能力の状況を評価します。

従って、「期間の当初は能力がなかったが、最終的には役割に十分な能力を備えた」という場合は、「期初：4＋期末：5＝評価：4.5」と考えるのではなく、期末の「5」が評価となります。

④ 「特別加点項目」の記入について
・「特別加点項目」は、原則として上司が評価時に過去6ヶ月間に本人の行動に「特筆すべきものがある」と認めた場合（次に記載したような特別の成果があった場合のみ）に記入するもので、全員が該当するものではありません。
・具体的な項目としては、担当業務外での取り組みやその成果、全法人的な視野での活動、提案・研究発表等の顕著な成果、および就業規則等に定める表彰などが考えられます。
・本人がアピールしたい事項がある場合は記入してもらいますが、実際に加点するか否かは上司が判断します。

⑤「評価点集計表」の記入
・評価が終了した時点で各評価欄の合計値を「評価点集計表」に転記します。

⑥ 「一次考課者コメント」の記入
・日常観察から面接までを含めて、総合的に二次考課者に伝えておくべきことを記入します。
・二次考課者が評価対象者とあまり接点のない場合は、この欄が貴重な情報源となりますので、過不足なくまとめるよう十分配慮します。

⑦ 二次評価者による「業務管理・評価シート」の評価
・「業務管理・評価シート」の上司評価欄の「二次」の「素点」欄に、上司評価の評語（7～3）に従って評価を行った後、ウェイト×素点を「評点」欄に記入します。
・二次評価者も一次評価者は同様、本人評価に影響を受けることなく、事実に基づき公正な評価を心掛けることが必要となりますが、本人評価、

一次評価、二次評価の結果が著しく異なる場合には、二次評価者が一次評価者に事実を確認し、調整の上で評価を行う必要があります。
・原則として、二次考課者は面接の機会を設けるなど、本人に直接話を聞くことはしません。

⑧ 最終考課の決定
・人事考課の最終評価（評語の決定）は、上司評価の総合点に基づき理事長が決定します。

3．考課のエラーとその予防策
（1）エラーの構造
人事考課のエラーは、次のような構造のなかで起こるものです。

	評定項目の無理解	自信のなさ	
＊ハロー効果			＊寛大化傾向 ＊中心化傾向
＊対比誤差			＊論理的誤差
＊推測による評価	主観的評価	机上での評価	＊遠近誤差

（2）エラーの種類と予防策
よく起こる人事考課のエラーと予防策に留意しましょう。

①ハロー効果
・ハローとは、仏像の後光、光背のことを意味するものである。

・このハローに幻惑されて評価にひずみが出てしまうことをハロー効果という。
・全体的印象が部分に影響してしまったり、部分（何か一つのプラス、あるいはマイナス）が、他の部分の評価に影響を及ぼしてしまう傾向をいう。
・最初に形成された印象がその後の評価につながる傾向も同様である。
＜予防策＞
・被評価者に対する感情、先入観を極力取り除く。
・具体的事実に基づいて、評価項目ごとに評価する。

②寛大化傾向
・評価には甘辛が生ずることがあるが、そのなかで甘く評価する傾向を寛大化傾向という。
・職員に対する感情、考課者の自信の欠如、観察不足等がその原因である。
・寛大化傾向の逆が「厳格化傾向」である。厳格な性格、潔癖性等が原因。
＜予防策＞
・評価段階の意味（とくに「5」）をよく考える。
・具体的根拠をあげて、自信をもって評価する。
・甘く評価することは、結果的に職員のためにならないことを理解する。

③中心化傾向
・考課結果が標準レベル（中心）に集中し優劣の差があまり出ない傾向をいう。
・いわゆる「どんぐりの背くらべ」の評価である。
・考課者が、極端な評価差を出すことをためらい、自信がない場合や職員をよく知らない場合に起きやすい。
＜予防策＞
・評価段階（とくに「5」）の意味をよく考える。
・考課に自信と責任を持つ。
・職員の日常行動を注意深く観察する。

④論理的誤差
　・考課者の論理的思考に影響される考課で、関連のありそうな評価項目について類似した評価を下す傾向をいう。
　・大学出は知識がある。社交的であるから折衝力がある等である。
　＜予防策＞
　・職務行動の観察を正しく行う。
　・「自己啓発」への取り組みが「6」ならば、業務知識も「6」というような短絡的に評価しないようにする。

⑤対比誤差
　・考課者が自分の能力や特性を比べて評価する傾向をいう。
　・几帳面な上司が職員の几帳面さを実際より低く評価する、逆にルーズな上司は職員を実際以上に規律正しいとみる、などに現れる。
　＜予防策＞
　・自分の能力、特性を再認識する。
　・自分と反対の特性を持つ職員、あるいは自分と同じ経験を有する職員の評価についてとくに公平を心掛ける。

⑥遠近誤差
　・考課実施直前の行動が数ヶ月前の行動より評価に大きく影響する傾向をいう。
　・考課期間のなかで、初期の行動が軽く評価される傾向がある。
　＜予防策＞
　・行動の事実を記録しておく。
　・考課対象期間について正しい認識を持つ。

⑦その他好ましくない評価
　　×　メイキング評価
　　×　推測による評価

×　好き嫌いで評価

（3）公正な評価のために
　①日ごろから、対象者をよく見て、具体的事実を客観的に把握する
　②考課に先立ち、自分自身の特性や評価の傾向を再認識する
　③対象者に対する先入観や感情を排除する
　④考課要素の意味を正しく理解し、適切な行動を選択し、適切な考課要素に結びつける
　⑤段階の意味（とりわけ「5」）を正しく理解する
　⑥評価に対し、自信と責任を持つ

<資料４>

業務管理・評価シート（様式１：一般職員用）

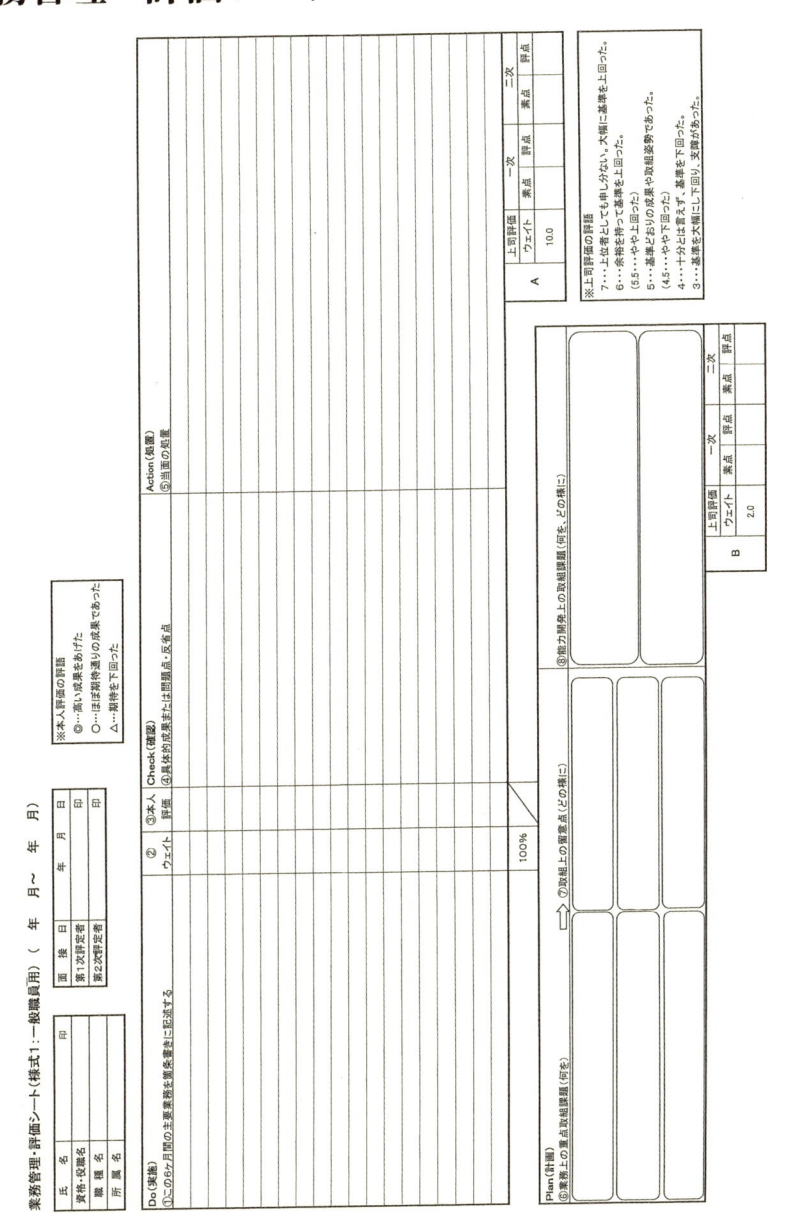

業務管理・評価シート（様式１：一般職員用）（　年　月～　年　月）

氏名		印
資格・役職名	面接日	年　月　日
職種名	第１次評定者	印
所属名	第２次評定者	印

Do（実施）
①この６ヶ月間の主要業務を箇条書に記述する

② ウェイト

③ 本人 評価

Check（確認）
④具体的成果または問題点・反省点

Action（処置）
⑤当面の処置

100%

※本人評価の評語
◎…高い成果をあげた
○…ほぼ予期通りの成果であった
△…一期待を下回った

Plan（計画）
⑥業務上の重点取組課題（何を）

①取組上の留意点（どの様に）

②能力開発上の取組課題（何を、どの様に）

上司評価上の取組課題（何を、どの様に）

上司評価	一次		二次	
ウェイト	素点	評点	素点	評点
A	10.0			

※上司評価の評語
7…上位者としても申し分ない、大幅に基準を上回った。
6…余裕を持って基準を上回った。
（5.5…やや上回った）
5…基準どおりの成果や取組姿勢であった。
（4.5…やや下回った）
4…十分とは言えず、基準を下回った。
3…基準を大幅に下回り、支障があった。

上司評価	一次		二次	
ウェイト	素点	評点	素点	評点
B	2.0			

231

(様式1 一般職員用考課表)

◎…高い成果、○…ほぼ期待通り、△…期待を下回った
上記評価
一次評価　二次評価

評価要素	評価の着眼点	本人評価	ウェイト	要点	評点	要点	評点
1. 期首の業務管理シート（Plan）の達成度	期首に立案した業務上の重点取り組み課題は達成されたか 取り組み上の変更点は配慮したか 努力開発上の取り組み課題は達成されたか		3.0				
2. 部門目標達成への貢献	部門目標や方針を正しく理解し、チームに徹したか 部門目標達成のために部下への支援は適切だったか 部門目標達成への貢献度は期待どおりであったか		4.0				
3. 利用者本位のサービス実践	理念を目標に沿ったサービスを実践したか 利用者のニーズに適切に対応したか 住民、地域団体等の要望に適切に対応したか		4.0				
4. 部下、後輩の育成指導	部下、後輩の育成に熱心であったか（実習生を含む） 部下、後輩の問題行動になったか 部下、後輩の信頼を得たか		4.0				
5. チームの効果的な運営	チームの目標、方針・計画の策定は適切だったか 部下への指示・命令は的確に行ったか 部下への指示・命令のフォローは適切に行ったか		4.0				
6. 業務の効率・効率化	計画的・効率的な業務運営であったか 常にコスト意識をもって仕事に取り組んだか 仕事の改善に意欲的に取り組み、新規工夫を発揮したか		3.0				
7. 規律や規範の保守	率先して勤務ルールを実行し、職場の秩序維持に努めたか プライバシーや服務遵守は職員の人権を尊重し、対応したか 法令順守、本人能力等ハラスメントに努めたか		2.0				
8. 担当業務に対する責任性	担当業務や委員会等の役割を誠意を持って遂行したか 業務マニュアル、手順や手続等を整備し、遵守したか 5S（整理・整頓・清掃・清潔・躾）を徹底したか		2.0				
9. 他者や他部門（他チーム）との協調性	組織内の連携としての役割を果たしたか 同僚や他部門への仕事にも協力的だったか 他者の意見にもよく耳を傾けたか		2.0				
10. 自己管理、自己啓発への取り組み	健康管理・生活面の自己管理に努めたか 業務上必要な知識習得に積極的に参加したか 評価安定に関するなど研修会に参加したか		2.0				
11. 業務に対する知識	担当業務に関する業務知識は十分であったか 専門的知識は十分であったか 関連業務能力も備えていたか		3.0				
12. 業務に関する技術・技能	担当業務に関する技術・技能は十分であったか 専門的技術・技能は十分であったか 関連業務に関する技術・技能を備えていたか		3.0				
			C 合計				

記入時本人コメント

上司からのアドバイス（連絡欄）

○評価点算計表

評価要素群	区分	第一次 評点	第二次 評点
業務管理・評価シート（半期の成果）の評価	A		
業務管理・評価シート（Plan）の評価	B		
仕事のプロセス（意欲・知識）の評価	C		
	D		
合計			

特別加点
加点理由

○一次評価者コメント（二次評価者へ）

<資料5>

社会福祉法人 ○○会 新人事管理制度に関する職員説明会資料

1．見直しの必要性

○当法人の職員処遇・人事管理については、創設以来、現行の就業規則・給与規程等を基礎に運用してまいりました。法人としては、ご利用者サービスの充実と満足度を高めていただくためには、まずはサービスの担い手である職員の資質能力の向上が第一であるという考え方で、早くから「職員研修体系」を整備し、サービススキルの向上に関する研修を推進してまいりました。また、職員処遇全般についても本俸や期末勤勉手当等について公務員並みの水準を維持しながら、さらに10％の調整手当を支給する等、諸手当面でも手厚い処遇を行ってきたところです。

○平成12年度からは介護保険制度へ移行し、さらに15年度及び18年度には、制度・報酬単価の改定があり、事業環境は大変厳しい状況になっております。また、平成17年度の人事院勧告では、国家公務員の給与制度等の抜本改定があり、従来の年功的処遇の見直しが行われ、能力や貢献度に応じた合理的・効率的な処遇の実現をめざした新たな給与制度が示され、人事考課制度が導入されることになりました。平成18年度から地方公務員も含めて新制度への移行が行われております。法人としても、こうした状況の変化を踏まえて、現行の職員処遇体系や人事管理制度の問題点の検討を重ね、これまでにも定期昇給制度や諸手当等の一部の見直しを行ってまいりました。

○しかしながら、これまでの職員処遇・人事管理制度は、従来の措置制度の枠組みに従って実施してきたものであり、また、昨今の福祉人材難時代に対応し、必要人材の確保と定着を図っていくためには、さらに、抜本的な制度の見直しが必要であると認識し、今年5月から外部コンサルタントの技術支援を受けながら「人事管理制度見直しプロジェクト」を実施してまいりました。集中的な協議を重ね「新人事管理制度要綱」を取りまとめ、今後、法人理事会の承認をいただきながら平成○年4月に新制度への移行を予定しております。「新制度要綱案」に従いながら、今後、就業規則、給与規程等の改定を

行い、職員の皆さまにも周知いたしますが、現時点で取りまとめられた考え方と方向性について報告し、ご協力をお願いする次第です。

○職員処遇にかかわる人事管理制度の見直しは、職員の皆さんの生活にも深く関わることになります。現行の給与等の労働条件の変更については職員の皆さんの納得と合意のもとですすめたいと考えています。なお、制度改定に当たっては、労働基準法の主旨に即しながら「本俸・諸手当等を含めて月例給の不利益変更は行わない」（月例現給保障）という考え方で新制度への移行を行いたいと考えています。

2．見直しの基本的方向

○現状の問題点を把握したうえで、新制度は、次のような考え方に基づいて具体的な制度の構想をすすめています。

（1）必要で有能な人材の確保し、定着を図ることができる制度づくり
（2）職員のモチベーションと能力開発の促進することができる制度づくり
（3）年功的な要素だけでなく能力や貢献度に応じた処遇ができる制度づくり
（4）基準を明確にし、合理的で公平感のある処遇を実現できる制度づくり
（5）サービスの質の向上と効率性の確保に貢献できる制度づくり

○そのために、これまでの年功（経験年数）中心の人事処遇基準を一部見直し、今後は次のような基準で職員処遇を行うことができる人事管理制度を導入したいと思います。「プロジェクト」での検討内容の骨子としては、次のような点を確認しています。

（1）年功（経験年数）を中心とする人事処遇基準の比重を軽減する。
（2）能力や貢献度、職務や役割に基づく人事処遇基準を新たに導入する。
（3）従来の処遇体系（従来の公務員俸給表準拠の等級号俸制度）に基づく給与表を廃止し、新たに「職群資格等級制度」を導入し、給与体系は「役

割基本給レンジ表」によって昇給管理を行う。
（4）各職群資格等級への格付けの基準、昇格条件等の基準を明確にし、人事管理の透明性を高める。
（5）「調整手当」「管理職・役職手当」「夜勤手当」等、諸手当の見直しを行う。「調整手当」については、一部を基本給に組み入れ、さらに「職務手当」を新設する。また、「管理職・役職手当」を職責の難易度に応じて定額支給に変更する。「夜勤手当」については定額方式に変更し、基本給水準の低い方に対して手厚く処遇する。
（6）期末勤勉手当（賞与）については、他の法人及び民間企業等の支給算式を参考に見直しを行う。支給月数は、現行水準を維持する。
（7）能力やその発揮度、貢献度等を適正に評価し、フィードバックすることによって能力開発を促進し、強化点や改善点を明確にするために「人事考課制度」（社会福祉法人施設にふさわしい評価制度とするため、「本人・上司評価・フィードバック・面接」を重視する）。
（8）評価制度は、将来、賞与や昇給にも結びつけてメリハリのある昇給・処遇管理を行えるようにするが、一定の経過措置を設ける等、ソフトランディングに配慮して導入する。

○なお、新制度への現任者の移行格付けについても、移行ルールを明確にしながら、透明性をもって行うこととします。

○新制度の内容については、さらに具体化を図り、就業規則、給与規程として整備し、周知いたしますが、疑問点、ご意見等がありましたら書面もしくは口頭で遠慮なく申し出てください（事務長宛て）。

○新制度要綱（案）は別紙の通りです。

福祉経営選書4	福祉職場の人材マネジメント
	―職員の定着・確保・育成・処遇の効果的すすめ方―

2009年 2月20日 発行

編 著 者	㈱エイデル研究所 福祉経営支援部
発 行 者	大塚 智孝
印刷・製本	中央精版印刷株式会社
発 行 所	エイデル研究所

〒102-0073 東京都千代田区九段北4-1-9
TEL 03（3234）4641
FAX 03（3234）4644

© 2009 EIDELL RESEARCH INSTITUTE CO., LTD
Printed in Japan
ISBN978-4-87168-453-8 C3034

エイデル研究所・福祉経営選書シリーズ

福祉経営選書 1

福祉職場の OJT とリーダーシップ
改訂版

宮崎民雄　著

第 1 部　OJT とリーダーシップ
  1　固有の理念、目標を実現する職員研修の推進
  2　職員研修の基本としての OJT を推進する
  3　育成マインド（姿勢）が、OJT の成果を決定づける
  4　研修担当者は、OJT 活性化のための支援者としての役割行動

第 2 部　実践ケーススタディ
  1　管理者・指導的職員の役割と OJT
  2　新任職員の受け入れと戦力化
  3　若手職員のフォローアップ OJT
  4　中堅職員を伸ばす OJT
  5　組織の活性化とベテラン職員への OJT
  6　中途採用者の受け入れと OJT
  7　パート・非常勤職員への OJT
  8　業務計画の策定と OJT
  9　サービスマナーを高める
  10　ホウレンソウの活性化と OJT
  11　仕事の改善、問題意識を育てる
  12　リーダーの育成と動機づけ
  13　人事考課の導入と考課者研修の進め方
  14　職場リーダーを育てる
  15　指導的職員としての自己開発

福祉経営選書2
福祉職場のマネジメント
宮崎民雄　著

第1部　マネジメントの基本コンセプト
 1 新しいマネジメントを構想する
 2 戦略思考のマネジメントを推進する
 3 業務標準を徹底し、効率化を推進する
 4 日常の問題解決を徹底する
 5 会議・ミーティングを効果的に運営する
 6 目標管理・面接制度を推進する
 7 新しい人事管理システムの構築と人事考課
 8 固有の理念、目標を実現する職員研修の推進
 9 OJTを組織化し、「意図的OJT」を推進する
 10 福祉経営とマーケティング戦略の推進
 11 事業の透明性の確保、苦情解決を積極的に推進する
 12 「主導的経営」を推進できるリーダーシップの開発をめざす

第2部　実践ケーススタディ『新任施設長の12カ月』

福祉経営選書3
民生委員・児童委員の自己研修テキスト
―相談・支援の効果的な進め方―
松藤和生・宮内克代　著

第1部　社会福祉の基礎知識

第2部　民生委員・児童委員活動の基本

第3部　民生委員・児童委員の相談・支援

資料編